斗争与妥协：
法英美三国宪法纵横谈

Studies in Constitutional Law:
France-England-the United States

〔法〕埃米尔·布特米（Emile Boutmy）/著
李光祥 /译

本书译自以下版本：

Emile Boutmy, *Studies in Constitutional Law : France-England-United States*, Macmillan and Co. and New York, 1891.

目　　录

导　论 /1

序　言 /1

第二版序言 /1

第一篇　英国宪法之起源和精神 /1

第二篇　美国宪法之渊源和精神 /79

第三篇　主权概念之于法国、英国和美国 /188

译后语 /238

导　论

布特米先生所著的《斗争与妥协:法英美三国宪法纵横谈》在法国已出了第二版。在英美两国,这部著作被认为是比较宪法领域的一部优秀而富有原创性的力作,作者在书里对英法两种宪政之根本不同进行了精辟的论述。

为了让那些不能阅读法文原著的读者也得以欣赏这本著作,该书被译成英文,我也满怀信心地向大家推荐。该书原本是为法国人写的,因此作者有时会强调一些对于英国人来说已是耳熟能详而无须提起或解释的英国宪法的特征。本书是由外国人写给外国人看的,这一点乍看起来可能会显得对英国学生的用处有限,但实际上这正是其最值得推荐的理由之一。我们对熟悉的事物常常视若无睹。所以,对一个国家政治机构的最好描述通常是——但并不总是——由外国人写的。一个对他国政治有深入研究的外国人,比本国人更能捕捉到这个国家政治体制的总体轮廓。即使他可能会遗漏或弄错某些细节,但比起一个本国人从内部审视自己国家的体制,他能得到关于这个国家整体宪法体系更全面的看法。布特米先生也不例外。任何可以从最出色的历史学家——如弗雷曼①、斯图布斯②——那里学来的东

---

① 译注:Edward Augustus Freeman(1823—1892),19世纪英国著名历史学家、建筑艺术家、自由主义政治活动家。博学多才,著述丰硕,其最知名的历史著作是共六册的 *The History of the Norman Conquest in England*。

② 译注:William Stubbs(1825—1901),19世纪英国著名历史学家,牛津大主教。著述多涉宗教历史,但其最知名的历史著作是共三册的 *Constitutional History of England*。

西,他确实都已了如指掌。他的写作是在布莱斯①那部关于美国邦联的权威专著出版之前,但他对美国宪法和美国政治的了解,比起受过良好教育的英国人还要更深入、更细腻。而他之所以值得关注,并不是因为他的博学。他这本书的目的,是通过对那些指导法国制宪者的思想与引领英国人的理念的比较,从而对后者进行批评和解释。正是这个比较,凸显出布特米先生这部著作的真正价值。一个英国人从中能学到的,不会是任何关于本国政治体制的新的事实性知识,但他会受到启迪,学会从一个崭新的视角去观察熟悉的事实。

---

① 译注:James Bryce(1838—1922),19世纪英国著名学者、自由主义政治活动家、外交家,曾任国会议员、内阁成员、英国驻美国大使(在美期间与美国总统西奥多·罗斯福成为好友)。作为学者,其代表作是 The American Commonwealth,甚至在今天,该书仍是研究美国(尤其是美国宪政史)的必读经典作品。

布特米先生还以极为巧妙的构思,将他对英法两种政府理念的这种比较扩展到美国。他告诉我们,尽管英国的君主制和美国的共和制之间的不同是如此显而易见,但大西洋两岸的这两个英语民族所建立起的政治制度在实质上(但不是形式上)是相同的,而英美两国的制度则与法国的制度大相径庭。他认为,英法两国宪法的所有不同,都在美国得以重现——尽管是以极为不同的形式。正如在英国一样,习惯在美国也是具有法律权威的。美国宪法史显然与英国宪法史一样,记载着以协议方式解决政治纷争的种种努力。美国政治制度的形成是在宪法制定之前就已存在的各种势力长期争斗的结果,这与英国的情形如出一辙。在英国,王权、贵族、平民远在英国宪法还未被称为宪法之前就已存在。在美国,正如布特米先生所强调的,是那些州创建了美利坚这个国家,而绝不是美国人民创建了那些州。

关于译本,我想捎带说上几句。如果你懂法语,那么对布特米先生这样一位行文优美流畅的作者的作品，你就应当去读他的原著。译者的目标不是逐句、更不是逐字地将法语原文直译过来，而是尽可能地将布特米先生字里行间的含义、感受以及精神再现出来。

《斗争与妥协：法英美三国宪法纵横谈》第二版附录收录了布特米先生对其评论者的一些回应。译本将这一附录略去了，因为那些批评大多不为英国人所知，对这些批评的回复，想来英国的学生兴趣也不大。

对为数不多的、用括号并标以(D)的注解，我本人承担全部文责。

A.V. 戴雪

1891年5月于牛津

序　言

以下三篇文章中的两篇分别于1878年和1884年单独发表过。在第一篇文章里,我试图对英国宪法进行一次批判性的概述,并且尽可能详尽地对其渊源进行分类。我坚信我没有遗漏任何基本的东西。我没有对那些制度本身进行深入分析,也没有尝试去描述它们,因为这样一个题目是百十来页的文章所无法对付得了的。我想做的只是:其一,将英国宪法的各个不同部分区别开来;其二,根据其起源,指出每个部分所具有的特征;其三,去揭示由这些不同部分共同组成的英国宪法的总体精神。

第二篇采用稍为不同的讨论方法。文章从不同的侧面和层次去观察美国宪法，视角确实很多，但尚未多得让人无法容忍。这些不同的视角合成一幅巨大画面，可以帮助读者对整个美国宪法形成一个相对完整的感性认识。这篇文章里有许多新的细节的东西，它们是否有别的用处暂且不论，但至少可能会在一定程度上动摇人们某些根深蒂固的偏见。

由于当下政治环境的缘故，这两篇文章所提到的许多事实性东西引起了人们异乎寻常的极大关注。但我认为，对于公众而言，这个著述的真正价值主要并不在于这些事实方面，而是在于别处。我非常谨慎地设定好论述的章法，并依此对公法的某些领域进行探讨。对这些公法领域，有的我作了很笨拙的描绘，有的则索性连一点描述也没有。我花了很长的篇幅，着重谈的是应如何加以小心、避免掉入人们常常由于个人偏见或因受到国家时政之影响而掉进去的陷阱。我特别指出，宪法机制如果离开道德和社会力量的支持或者牵引，其本身是没有任何价值或者效率的。这一点至关重要,同时这也是对最容易掉进这种陷阱的法国人提出的一个警告。当然,我这样说并不等于否认一个设计优良的宪法机制能够加强道德和社会力量的作用,并使得这个机制本身更能持久、正常地运作。

第三篇文章以前没有发表过。由于把前面那两篇文章放在一起,这一篇在我看来就有必要了。在某种意义上讲,这一篇是从前面两篇得出的结论。通过一个更刚性、更连续的与法国宪法的比较,我在这里试图简明扼要地重述并揭示英美宪法与法国宪法在形式、结构以及本质与类别等诸多方面的种种不同。这些不同,在根本上与主权概念密不可分,而主权概念在这三个国家又是完全不同的。

埃·布特米

1885 年 5 月

第二版序言

这本小书面世后,得到了广大读者的热情支持。这让我深受鼓舞,于是便应允再版。原版里的三篇文章均未有删节。但关于美国那一篇,我作了些重要增补,内容是关于众议院是如何履行其立法职能的。

尽管心有所动,但我还是决定不去探讨美国的超宪法秩序问题。这还是个新问题,但将来肯定会带来诸多困扰。或许,我完全有理由屈从于诱惑而对此略作探讨,因为无论这个问题将来怎样解决,都必然对公法产生广泛而深远的影响。地产业的快速增长已经开始,并仍在继续;大庄园占据大片土地;土地本来被视为取之不尽、用之不竭的财富,但实际上已越来越少,大量土地都已被占去;佃农(在此之前还是个鲜为人知的阶层,现已大幅度取代了拥有土地且自食其力的自耕农)大量增加;耕地问题出现;针对这些问题所采取的补救措施较为激进;等等。凡此种种,均表明美国政治结构的传统根基正在发生嬗变。但是,如果说随着人口的增长和物质文明的进步,美国必定会扩大和加强中央政府的事权,那么这种中央集权化究竟是会使现在的联邦变得更为团结强大还是会最终导致它分裂成几个联邦,现在谁也无法断言。退出联邦仍然是个现实的问题。那么,将来会怎么样?是华盛顿继续作为这38个州联邦的中央政府,还是这些州将依自然地理的划分而组成三或四个新的联邦?这是个极其严肃的问题。如果我非要对此进行讨论,就得用不少篇幅去作些主观分析和判断,但如此一来便与我原先的写作计划格格不入了。①

埃·布特米
1888 年 5 月

---

① 原译注。此处略去了一小段,里面谈的是对评论家们的回应,有关的评论没有收录在本译本里。

第一篇

英国宪法之起源和精神

无论从其历史、影响力以及原创性上看,英国宪法都堪称自由宪法之鼻祖,这应是毋庸置疑的。若以其主要特征基本形成的时间算,英国宪法比所有其他宪法至少早四百多年就已诞生。因此,英国宪法多多少少成为后来各国宪法效仿的典范。但英国宪法里有不少规定,其到底应该如何诠释或真正意义何在,它的效仿者要么是从来就不明所以,要么就是故意偏离了本来的意图。如是之故,任何对宪法的研究,特别是将宪法作为一项积极法来研究,如果缺少对英国宪法这个范例的全面了解,就难以说得上有普遍的启发意义。但全面了解英国宪法就不能走一般的路径,特别是不能走法国法学家们研究法律时惯常走的那条宽广马路:只看规则和条文。借用帕斯卡①的比喻,研究英国宪法就必须把它看成是在你脚边奔流而过的河流,它泛着涟漪,涓涓不息,一会儿似乎要陷入旋涡,一会儿又仿佛在一片翠绿中消失得无影无踪。在踏进这条河流之前,你必须先站到远处,极目远眺,将整个流域尽收眼底,你必须观察到源头深处那些叠嶂山峦,看到涵养水源的那些茂密丛林,看到河床变宽之前背后的那些山谷,还有河水受阻于积沙而改变流向处的急弯,以及河流两岸因河水冲积而成的沃土。这些基础功课中最能带来丰厚收益的,也是应当首先去做的,就是研究英国宪法的渊源。

---

① 译注:Blaise Pascal(1623—1662),17世纪法国著名哲学家,博学多才,同时还是数学家、物理学家、发明家。

第一节

1793年,哈罗特·德·西塞尔①到法国国家图书馆查询,想找一本迈纳斯王②法。今天,如果有人想去找一本英国宪法,可能也会犯同样的错误。英国宪法没有法典文本,但有很多不同文本。这些不同的文本出自不同年代,从未进行过法典化。但即使将所有这些文本都找来,也不等于找到了英国宪法的全部,因为还有很大一部分是不成文的规定。对于任何一个具有重要意义的问题,往往都需要到不同的法律和案例中去寻找依据,而这些法律的生效日期甚至相隔几个世纪,有的案

---

① 译注:Hérault de Séchelles(1759—1794),18世纪法国极左政治家,法官,曾参与法国大革命。

② 译注:Minos,古希腊神话中的国王,是宙斯和欧罗巴的儿子。传说他死后成为阴曹地府的裁判司。

例则早已隐没于历史的长河之中。譬如,国会贵族院的组成就是如此:它是分别制定于1707年①、1800年②、1829年③、1847年④、1869年⑤、1876年⑥的诸条不同法律,以及1782年的一个法院判决⑦和无数习惯共同形成的结果。国会的任期是由两部法律确定下来的,一部制定于乔治一世⑧时期,另一部制定于1867年。这两部法

---

① [6Anne c. 11 (D).]

② [39 & 40 Geo. IIII. C. 67 (D).]

③ [10 Geo. IV. C. 7 (D).]

④ [10 & 11 Vict. C. 108 (D).]

⑤ [32 & 33 Vict. C. 42 (D).]

⑥ [39 & 40 Vict. C. 54 (D).]

⑦ 参见 Anson, *Law and Custom of the Constitution*, p.185.

⑧ 译注:George I (1660—1727),英国国王,他在安娜女王去世后于1714年登基,在位至去世。他在位期间,王室权力被不断削弱。英国今天的以首相为首的内阁政治制度,就是在这个时期开始形成。这个时期在中国,正是清朝康熙盛世的最后十年。

律并没有考虑什么实际好处,就把国会的法定任期缩短了一年。宪法学者们不辞劳苦,把众多的文本寻找出来,进行比较研究并写下他们的结论。立法者则把这项工作完全地留给了这些学者,立法机构从来没有对学者梳理出来的宪法规定予以权威的确认。

这种情形与法国人概念中的宪法大相径庭。过去80年的法国历史告诉我们,所谓"宪法"就是一份单一文件,一次制定而成,在某个特定日子颁布生效,编成关联章节,具明政府的所有权力以及对自由的一切保障。很显然,大革命时期①的那些法国宪法莫不如此,而法国后来的其他宪法也都以大革命时期的宪法为渊源,并采用相同的模式。这样的宪法就像是数学演算或者科

---

① 译注:法国大革命时期(1789—1799)是法国历史上社会和政治变革的一个激荡时期,大革命推翻了帝制,成立共和体制。在中国,那十年是清朝乾隆在位的最后十年。1799年乾隆驾崩,大清王朝的拐点出现。

学分类一样,开头总是以一项公理作为标题,它们都是艺术和逻辑的作品。

对于这种制度,法国人只会看到其优点,而这些优点确实也显而易见。英国人则主要感觉到其中的别扭和危险。英国人或许是有感于两个事实:第一,给所有读者出版一部一清二楚、条理井然而又丝丝入扣的分析性作品,不但会招来无休止的争议(因为大家都各持己见,认为可以按自己的思路把作品写得更好),而且也会使自己受制于逻辑,也就是受制于裁判机构对作品含义的裁决,而由此裁决而来的上诉又将是永无穷尽的;第二,每一项系统性构建,都几乎等于作出一项承诺,要去完成一件完整而又完美的东西,足以应对及防范任何偶然情况,但这是企图去做不可能做到的事。正因如此,制定这样一部宪法所需要的精力有多大,其制成之初所燃起的热情有多高,宪法实施后随之而来的失望就有多大。所以,英国人只是把他们宪法的不同部分就留在当时历史浪潮将该部分沉淀下来的地方,他们不会把宪法的不同部分归拢到一块,然后再去分类或者完善,或者去组合成一个协调一致的整体。

这样一部四处散落的宪法不给咬文嚼字者和蓄意攻击者以把柄,不用害怕那些迫不及待的批评者来找出它的漏洞,也不用担心那些有备而来的理论家去揭发它的悖论。政治的需求是如此复杂,混杂其中的利益诉求是如此多元,相互冲突的对立势力又是如此众多,要把一个稳定基建的各项要素归整到一起而且各得其所,那是不可能的。尤其是如果这项工作还要在人民的监督之下完成,而这个人民又偏好于追求物质的同质性和事务的计划性,那就更不可能了。解决这个难题的办法,就是作出适当安排,使得不是随便一位普通百姓就能对宪法评头品足——只有宪法法典化才会给他这样的机会。只有采用这种办法,你才有可能把那些"愉快的别扭","有用的不和"以及那些保护人民的悖论保留下来。这些别扭、不和以及悖论都有足够的理由存在于体制之中(也就是说它们的存在符合事物的本质),它们在为各种社会力量提供自由竞争机会的同时,绝不会给任何一派势力以可乘之机,去越过划定的界线,或去动摇整个建筑的地基和主体。这是英国人颇为得意的成果,是他们通过将宪法文本极度分散化这一办法所取得的,他们从来都小心翼翼,不去尝试搞一部宪法典,以免对这一成果有任何损害。

第二节

英国宪法有四个主要渊源:(1) 条约,或准条约;(2) 先例和习惯,就是通常说的普通法;(3) 协议;(4) 制定法。第一项及后两项是宪法的成文部分,第二项是宪法的不成文部分。它们并非总是在形式上有所不同,更主要的区别在于它们的本质特征、所调整的事务范畴以及各自的指导精神。

首先要说的是两项条约:1707年与苏格兰的联合法令①以及1800年与爱尔兰的联合法令②。从一般的字面意义看,条约的特征在于它是两个主权国家之间签订的,但这两个联合法令的特别之处却在于两个主权国家在条约签订后就融合成为了一个主权国家。这两个法令原本还属于国际法③,可转眼就成为宪法法律了。1707年联合法令包括两项立法,一个是苏格兰议会通过的,另一个是英格兰议会通过的,由安娜分别以苏格

---

① [6 Anne, c.11（D）.]译注:1706年英格兰与苏格兰签订联合协议(The Treaty of Union),1707年,英格兰和苏格兰的国会分别通过联合法令(The Act of Union),英格兰与苏格兰完成联合。作者(或者是英文译者)在这里直接把两个联合法令等同于那个联合协议,恐怕是无心之失。

② [39 & 40 Geo. III. C.67（D）.]

③ 译注:请参见本页注1中的译注,作者在这里还是误把两个联合法令直接等同于那个联合协议。

兰女王和英格兰女王的身份签署①。这两项立法都是确认同样一份文件(或者说条约)②,这份文件是由两个王国的授权代表所共同组成的一个委员会草拟而成的。当时,苏格兰是完全独立于英格兰的,就如同汉诺威并不属于英格兰一样,甚至有过之而无不及。苏格兰的政府、法律、税制乃至贸易,在某种意义上讲都与英格兰互不相干,甚至国教也与英格兰决然不同。这两个国家过去只是因为皇室成员的个人关系以及王朝的联盟才得以团结起来,但这个联盟当时正面临崩溃。英格兰制定

---

① 译注:Anne(1665—1714),1702年登基成为英格兰、苏格兰以及爱尔兰的女王。她的父亲詹姆斯国王在1688年的光荣革命中被推翻,出逃法国,王位被来自荷兰的威廉三世(William III)和玛丽(Mary)夫妇共同继承。威廉是安娜的表哥,玛丽是安娜的姐姐。1702年威廉三世去世后安娜继承王位。

② 在联合法令里,联合的条款都称为条约。参见《安娜法令》序言。[6 Anne, c. 11(D).]

了一部王位继承法,根据这部法律,在安娜女王去世而没有子女的情况下,王室的汉诺威家族将继承英格兰的王位。但苏格兰并没有同样的立法,而是通过了一项特别立法,使其得以保留权力,可按不同于英格兰王位继承法确定的顺序来确认谁拥有苏格兰王位的继承权。①这两个民族相互间始终充满敌意,但到了1707年,在政治手腕有力的干预下,它们的分庭抗礼终于被调和了。

1800年的联合法令也包括两项立法,它们的通过都颇费周折。长期以来,爱尔兰都只是被视为一个被占领国。就在与英格兰签订联合条约前不久,爱尔兰还在借着美国独立战争为掩护,谋划迫使英国国会给予其完全的独立地位。1782年,英国国会决定,爱尔兰可以有

---

① 《国家安全法》(Act of Security),1703年曾被否决,但1704获得通过。[参见 Hurton, *History of England*, viii, pp. 92, 99—101 (D).]

自己的法律、自己的法院,其议会可自行行使立法权,但其所制定的法律需要经得国王枢密院的同意(这一点直到与英格兰联合时都是如此)。

这些让步迟早会让西敏寺政府陷入困局。在乔治三世①犯神经错乱的那段日子,危险就暴露出来了。当时面临的是摄政问题。爱尔兰议会可以随便挑选一位摄政王,没有任何规定可以阻止它这么做,而且它所挑选的人选不一定就是英格兰议会所挑选的。如果出现这种情况,就会有两个摄政王,一个在都柏林,一个在伦敦。而两个摄政王又随时可以摇身一变,成为两个国王。两个王位的联合本来是这两个国家之间唯一的联合关系,但这种王位联合现已受到威胁,邻居法国所发

---

① 译注:George III (1738—1820),1760登基为国王直至1820年去世。其在位期间,英国先是在七年战争中打败法国,然后再于1815年著名的滑铁卢战役中大败拿破仑。但同时,美国的独立战争使英国失去了在北美的殖民地。

生的大革命加剧了这个王位联合解体的危险。1798年爱尔兰发生了一场可怕的暴乱。皮特①迅速采取行动,他在短短几个月里,通过金钱和封爵等手段,收买了爱尔兰议会的大多数。终于在1800年②,爱尔兰正式放弃了争取民族独立的努力。

这两部联合法令的目的和结果在其标题上就可以看得清楚明了。第一部联合法令将苏格兰与英格兰合并成一个国家,叫大不列颠。第二部联合法令将爱尔兰拉入大不列颠,形成联合王国。这个双重合并采用的实

---

① 译注:William Pitt(1759—1806),1783年成为英国首相,时年仅24岁,成为英国史上最年轻的首相。1801年从首相位退下,但于1803年再度出任首相,直到1806年去世。在位期间领导英国迎战与法国拿破仑的战争。

② 与爱尔兰的联合,英国议会于1800年7月2日通过,1801年1月1日生效。与苏格兰的联合,于1707年5月1日生效。

际形式是:(1) 附属于英格兰的爱尔兰和附属于大不列颠的苏格兰都和英格兰拥戴同一个王室,都采用同样的王位继承法,即永远都只由汉诺威家族中的新教派世系来继承王位;(2) 在英格兰国会的上下院都引入一定数量的苏格兰和爱尔兰议员。

如此构成的国会将为整个联合王国立法。但联合之前在苏格兰和爱尔兰有效的本地法律,只要未被废除就仍然有效。这样的法律相当多,而且差异很大,所以国会有时就会觉得有必要针对每个王国制定专门的法律。这就是为什么在每一项国会立法的开头或结尾会经常见到这样一句话:"本法不适用于苏格兰或爱尔兰"①。这项例外规定,对于不属于联合王国的马恩岛和格恩思岛来说就没有必要了。英国国会的立法,只有

---

① 有好几项法律只适用于威尔士。

那些特别指定将这些海岛包括在内的,才对它们有约束力。①

在这两个联合法令的其他条款中,最重要的应该就是那些与教会有关的规定。

在英格兰,圣公会是国教。也就是说,教会拥有教区、产业、圣俸、什一税②以及教堂外的墓地。教会的教条、组织形式、权利和自由、管辖范围以及礼拜的仪式,均由法律规管并获得法律准许。女王要宣誓保护国教,

---

① 也有一些法律根据推定而适用于这些海峡群岛(D)。译注:马恩岛(The Isle of Man),位于英国与爱尔兰之间的爱尔兰海中,是英女王的附属领地,不属于大不列颠联合王国,有自己的自治政府,但其外交和国防由英国政府负责。格恩思岛(The Channel Islands),也是英女王的附属领地,位于法国诺曼底海岸外的英吉利海峡中。

② 译注:犹太教和基督教的宗教奉献,源自于《圣经》旧约,即十分之一的意思。

政府则通过对教会高层和某些教区牧师的任命来参与教会的行政管理。在苏格兰,长老教是1707年联合法令所承认的合法教会。该教依法被奉为神圣,并获准拥有教堂和教会收入。因此,在苏格兰确实也有一个主教教会,但它又是一个自由教会①,就如同长老教在英格兰也是自由的一样。如是之故,大不列颠就有两个国教,其僧侣等级制度决然相反,并以特维依德河②为界,分庭抗礼。但王室同时是这两个教会的法律守护者。

与此相反,爱尔兰没有国教。爱尔兰新教原本与英

---

① 安娜女王在1703年写给苏格兰议会的一封信中,恳求议会对主教统辖教会的教徒多一点宽容。她把这些教徒称为"异见分子",在她给英格兰议会的信中也会用来指英格兰的新教徒。[参阅:Her Majesty's Letter, Burton, *History of Scotland*, viii., p. 90 (D).]

② 译注:英格兰与苏格兰边界的一条河流,自西向东流入北海,以盛产三文鱼而著名。

格兰圣公会同属一家，但于1869年被解散了——也就是说，被进行了政教分离，其物业也被没收，但教会在职人员的利益还受到一定保护。现在，爱尔兰新教已成为一个自由教会。

英国公法的特征就是它的极度多样性，这在我们上面提及的这些事实中已得以充分展示。法国人对简洁和一致有着天生的偏好。他们的创作都带有这两种特质的烙印，不但如此，他们还天真地希望在别人的作品中也能找到同样的特征。任何人，如果想熟悉英国宪法，想彻底弄懂它，就必须从一开始就抛弃这种法国式的幼稚期望，因为英国宪法不追求简洁和一致这样的理想。相反，英国宪法的缔造者们似乎是刻意地不去作出统一的规范，不去写下有普遍意义的指导原则，不去把宪法的不同部分进行归类与合并。他们把这种做法视为一种极端危险，所以他们处处小心，不搞归统和简化。而这两样英国人所小心提防的东西，却正是法国的公法创造者以最大的信仰、激情乃至狂热去孜孜以求的。

严格来讲,在谈及条约时还应当提及另一项国会立法①,那就是1858年通过的关于在印度建立更有效政府的条例。事实上,印度当时并没有独立的主权,而只有"准主权",且该权力日渐式微,至今已全面移交给了英国人。1858年的法律通过后,东印度公司便只好放弃其自治权。过去,英国政府曾把一部分权力交给东印度公司行使,使得它不但拥有资源,而且还可以行使军事及财政权力,在领地范围内享有近乎于至高无上的权威,实际上就是一个国中之国。在1858年的法律下,东印度公司的董事仍有权提名全国最高委员会共15名成员中的7名。这是英国政府的一个小小让步,并仅以此就重新掌控了这个庞大的印度帝国。从那时候起,印度

---

① [21&22 Vict. C. 106] (D). The Government of India Act 1858.

就由英国政府一位专责国务大臣执掌。至于其他殖民地,英国采取的是正好相反的政策。对于那些已拥有较大权力、文明程度也比较高的殖民地,比如加拿大、好望角、澳大利亚各行省等,英国首先是为它们制定宪法,设立议会,引入选举,再搭配上一个向议会负责的政府,然后(在大多数情况下①)再授予这些殖民地修宪的权力,但任何修宪都必须得到英国政府的同意。这些国会立法同与苏格兰、爱尔兰的联合法令可以相提并论,原因恰恰就在于它们是那些联合条约的逆向工程。联合条约吸纳原有的国家,使之消失,而这些国会立法则创建新的国家,使其从原有的国家中分离出来。这些国会立法创建了一拨儿半独立的国家,它们只在三个方面与英

---

① 参见,如 Victoria, 18 & 19 Vict. c.54, s.4. 根据其联邦宪法,加拿大显然没有权力修改其宪法。加拿大宪法是由 The British North America Act, 1867, 30, Vict. C.3 和 an Act of the Dominion Parliament 组成。比较:38 & 39 Vict. C.38 (D).

国保留着关系:名义上拥有所有行政权力的总督,由英国政府任命;外交由英国负责;英国设立一个高等上诉法院专门听审它们的上诉案件。理论上,西敏寺国会仍保留主权,可为大英帝国的任何一个成员立法,但事实上,它已不再干预那些较大殖民地的内政和地方立法。殖民地事务大臣似乎也放弃了其在殖民地事务中的否决权。澳大利亚和加拿大的情况就是很好的例子。它们不断地提高保护性关税,毫不顾忌宗主国的利益。仅从这一点就可以清楚地看出,它们实际上已享有了完全的自治权。英国在殖民地的驻军也逐步撤离[①],把当地的防务留给了殖民地政府。另一方面,英国心里明白,假如有一天当她自身受到战争的威胁,或者当她去做一件对大家都有好处的事而需要它们鼎力相助的时候,她

---

① 1870年,在南威尔士的驻军撤出。

所能指望的恐怕除了它们的良好愿望外就什么也没有了①。英国政府甚至都不保留对这些殖民地上的无主土地的所有权。而在这一点上,美国这个纯粹的联邦国家的做法就不一样。对于新加入联邦的州和领地,联邦政府是保留这一权利的。还有一点就更不用说了:英国政府在本土英格兰有强制征收土地的权力,但在殖民地却没有。

目前,或者至少可以说在不远的将来,我们甚至都不能再把这些殖民地只看作是拥有自治政府的行省,而是必须把它们看作是几乎拥有完全主权的国家。它们只是在种族、语言和共同加入的组织上与宗主国保持联系。

曾有人建议,把这些原先的殖民地联合起来,形成

---

① 在占领斐济前不久,卡纳尔温爵士问澳大利亚殖民地政府,是否有兴趣参与占领行动,并负担一小部分占领后所成立的政府的开支。英格兰将负担大部分。但最后是英格兰而不是澳大利亚各殖民地向斐济支付赔偿金。

一个巨无霸联邦,由西敏寺国会统治,而国会里当然有它们各自的代表。这种建议根本没有成功的可能。① 这

---

① 关于这个问题,可参见 John Robert Seeley, *The Expansion of England*, Macmillan, London, 1883。在后来,这些主张联邦的人曾极力鼓吹要宗主国更多地干预殖民地的事务,同时试图劝服那些大的殖民地支持成立联邦,但我认为他们的努力都徒劳无功。他们对澳大利亚派遣部队加入英国驻埃及的军队这一行动,大加赞美。他们利用"殖民地和印度展览"在人们中挑起的好奇和兴趣,成立一个常设机构继续推动联邦运动,但这个机构在威尔士亲王担任主席期间慢慢就失去了活力。此外,英格兰与各殖民地代表的会议也召开了,双方在会上都表现得相当温良优雅,但双方都小心翼翼,不主动提出建立联邦关系的建议。1887 年 11 月 16 日,罗斯贝里爵士在"帝国联邦联盟"苏格兰支部讲话时声称,任何关于成立联邦的建议都会被那些殖民地认为是霸权幽灵的回巢,而在过去,正是这个幽灵的作祟,使得宗主国失去了北美诸省。他还说道,除非这些殖民地自己主动提出,否则成立联邦的计划压根儿就没有机会被接纳。

殖民地的代表都很小心,不主动提这个建议。他们表达的

个想法是由几位孤傲标世的政治理论家提出的,但他

愿望是,这些殖民地与印度一样,仍可称之为女皇陛下的领土,但这种说法仅仅是一个礼仪,不会在任何方面影响殖民地的独立性。在这些会议所讨论的其他议题中,只有两个是真正并在实际上有政治意义的。澳大利亚人与其宗主国同意,英国在澳大拉西亚(指澳大利亚、新西兰及附近太平洋诸岛——译注)保留一个舰队,但费用由这些殖民地共同负担。这个安排没有别的意义,只不过是一种防务联盟,就如同两个独立国家为了共同利益而缔结的联盟一样。另一方面,这些殖民地公开要求所有谈判由它们自己做主、通过它们自己的代表与外国缔约的权利。这种期望显然与跟宗主国组成联合体或联邦这种想法格格不入。加拿大在经济上已越来越倾向于美国,因此从心里就不大愿意与英国组成联邦。除这两个政治议题外,会议上所讨论的所有其他问题纯粹是商业性的。总而言之,我们可以说,各殖民地与英格兰的联合,要么只能是名义上的,要么根本就不可能存在。而只要这种联合仅仅停留在一个好听的名义上,只是让人回想起一个共同而又荣耀的渊源,或仅仅是为了显示礼节和热诚,那么,谁也不会急于从联合中撤出来。但是,如果有一天,宗主国试图收束她与她已成年的儿子之间的纽带,他们就会毫不犹豫地走向彻底的独立。

们试图阻止的分裂运动,其始作俑者正是英国政府自己。

第三节

条约和"准条约"只是宪法的补充,甚至可以说只是宪法的外延。习惯法、协议和制定法才是英国宪法的主体构成。

习惯法就是浩如烟海的先例和习惯,通常称之为普通法。

"不成文法"这个说法不应当只从字面上理解。事实上,先例和习惯都记载在各种书面文件里,比如司法判决书、权威报告、律师意见等。这些法律文书把先例和习惯视为业已确立并在生效的法律,但我们不能从国会立法里为它们找到依据,也不能从国会立法中把它们演绎出来。先例和习惯并不来自于制定法,其形成完全是因为经年累月的使用,久而久之就得到国家权力和公众意见的接受或默认。

英国宪法的习惯部分所调整的事务范围之大,性质之重要,都令人叹为观止。这一部分所调整的事务是如此之广泛,如此之重要,以至于可以这么说:宪法中的成文部分即使全部加在一起,都可以权当其为例外规定,或者仅是些补充立法。协议主要是用来限制王权的。制定法的调整范围要大一些:它们为协议中粗略勾画的各种权利提供具体的法律保障;它们规定了宗教自由的权利以及其他主要的政治权利,如出版自由、结社权和集会权①(这些权利在协议里没有规定);它们同时还规

---

① 然而,这些主要的政治权利,就其被英国法承认为独立的权利而言,在很大程度上还依赖于普通法的原则。参阅:Dicey, *Law of the Constitution* (3rd ed.), pp. 190—192; 223—253; 254—261 (D).

定了所有的选举权利。①

英国宪法的所有其他内容,特别是有关机构、特权、主要政治力量(政府、内阁、上议院、下议院)之间的关系和互动等方面的规定,都不在成文法里。这些重要事项是宪法的核心和灵魂,但在英国,所有这些都是由简单的习惯来规管的。而在法国,政治家们则将大量的努力、讨论和公众情感都花在了这些规定上。

我们来仔细研究一下那些宪法文本吧,看它们对一些重要的东西,比如说对于作为整个议会制的中枢和政治运作的核心的内阁,都说了些什么。根据布莱克斯通②、

---

① 直到最近,选举权才由制定法规定,而在之前则完全是由普通法来调整的。

② 译注:William Blackstone(1723—1780),18世纪英国著名法学家、法官,其传世的经典著作是一共四册的 *Commentaries on the Laws of England*.

哈莱姆①和麦考利②等人的著述,成文法对内阁的存在只字未提,甚至连"内阁"这个名称也没有在成文法里出现过。国会每年开会的规定又是怎么来的?③ 没有任何成文法提到这个事。国会又是如何分为两院的?这一分法早在1350年以前就开始了,并从那以后就一直这么做,但没有任何立法规定必须如此。下议院在税收事务上拥有优先权,这又是怎么来的?这一权力完全是建立在习惯之上。对这等事务,法国宪法和美国宪法都有明确的规定。至于上议院和下议院的其他权力和

---

① 译注:Henry Hallam(1777—1859),英国历史学家,著述包括 The Constitutional History of England。

② 译注:Thomas Babington Macaulay(1800—1859),英国著名历史学家、政治活动家,代表作包括 The History of England from Accession to James the Second.

③ 参阅 4 Ed. III, c.14;36 Ed. III, Stat. I, Cap. 10 这两项立法;并参阅 Stubbs, Constitutional History, iii 380.

特权,又是怎样一种情形?它们就如同领土争议一般,总是被抢来夺去,没有固定的法律界线。王室在军队事务上的特权又是怎么回事呢?也没有明文的立法予以明确。所有这些事项都涉及主要政治权力的运作,但成文法却都没有作出规定。如果出现争议,答案是无法从法律汇编中找到的,而只能到国会档案和法院判决中去找。给出答案的,不是某一原则性立法,而是先例。这些先例往往又是不确定的,甚至是混淆或相互矛盾的。事实上,被拒诸成文法门外并被完全地留给了习惯来看管的,恰恰就是政治机构中最重要的部分。

围绕着僧侣的税务和选举权所发生的一切,对于了解习惯是如何在制定法留下的空间里确立下来并成为法律的,是一个饶有趣味的例子。自古以来,国会从不向僧侣征税。僧侣只是在他们自己的特别议会(即"教士会议")里向自己征税。他们通过的法令,国会两院只是确认一下即可。1664年,当时的首相克莱林顿和坎特布雷大主教(英格兰的大主教)达成一项幕后协议①,双方同意不再由僧侣阶层向他们自己征税,而是由国会向僧侣及俗众都征税。这事就这样定了。1665年,国会通过的该年度纳税法②,取消了上一届教士会议要求僧侣交纳的税额,规定僧侣应当与其他民众一样交纳各项公共税。然而,这项法律又明确地给教士会议保留终止这一新做法的权力,只要他们乐意,他们可以恢复以前的做法,还是自己向自己征税。自从1664年以来,僧侣阶级没有在任何场合使用过这一权力。他们继续按照国会的规定,在交纳公共税务上尽自己的一份职责。但他们的这一权力并没有被任何国会法令取消。所以,甚至在今天,国会向整个僧侣阶级征税的权力,并

---

① 参阅:Hallam, *Constitutional History of England*, iii (8th ed.) p.240, note y (D)。

② 16 & 17 Car. II. c.1., ss.30,36. 比较:Anson, *Law and Custom of the Constitution*, pp.44, 45.

不是来自某一特定的成文立法。这一权力只是建基于这样一个事实,即某一个特定阶级完全可以自由而且合法地行使它的一个权力,但由于默许和长期弃用,它没有将这一权力和特权重新激活①。

　　这一法律修改纯属偶然,也未经成文法认可,而且还由此导致了另一项同类的法律修订,进而再对选民的构成带来重大改变。当僧侣阶层自行决定其纳税问题的时候,他们自然就不参与国会下议院议员的选举。但是,一旦他们需要与其他人一样地交税时,他们就应当在有权决定税务事项的国会里有其代表,否则对他们显然就不公平。长期以来,僧侣是没有资格成为国会议员

---

① 国会议长昂斯罗写道:"吉布森跟我说,这个措施(指不再由教士会向僧侣征税)是不通过立法而对宪法作出的最大的改变。"参阅比较:Onslow, *Note on Burnet*, Oxf. Ed., iv, 508。参阅:Hallam, *Constitutional History of England*, iii (8th ed.) p. 240, note y (D)。

的①,但现在至少应当让他们成为国会选举的选民。事实上,没过几年僧侣们就出来参与选举了,并在国会议员的选举中投票。我们曾试图去找出一部把僧侣阶层"重新纳入"②选民范围的法律,但这样的一部法律根本就不存在。这件事悄悄地就干了,没有人想过是否要通过立法来予以认可。如果说有这样的一个立法,最早的一点蛛丝马迹可能在安娜女王时期的一个条例③里能找出。但安娜女王的那条法律写得并不明确,而且有点想当然,认为有关的习惯业已确立。就这样,尽管与几个世纪以来的做法相悖,尽管有违于一长串的先例,僧侣的选举投票权最终被确立了下来,而且所依据的仅仅是一个对其有利的习惯,而这一习惯所凭借的唯一事

---

① 僧侣没有资格成为国会议员是由(the Act, 41 Geo. III. ch. 63)这一项法律确定下来的。

② 参阅:Anson, *Law and Custom of the Constitution*, p.44.

③ 1712年,10 Anne, c. 23.

实,就是僧侣阶层放弃了自我征税的做法。这就足以让法国人惊呆了。法国人热衷于追求精确、准确以及具体明确,其追求之狂热,几乎成为法国立法的本能。

英国人保留这些特权,并把主要政治权力之间的互动保留在这种不确定、流动的状态,这是为了什么?他们的目的很明确,就是希望所拥有的是这样一部宪法:在宪法里,任何重大变动、权力的重新分配以及始料未及的新发展,都可以几乎不留痕迹地做成。在英国,有很多宪法修订在成文法里都只字不提,点墨未留。如果是在法国,这就非得修改宪法条款不可,而随之而来的就是经久而又精彩的辩论以及高涨的公众热情。

譬如,曾被威廉三世①极度滥用、同时也是100年后

---

① 译注:William III,又称为"橙色王子"(Prince of Orange)或"橙色威廉",原为荷兰王子,在英国1688年光荣革命后与其妻子Mary从荷兰来到英国,代表王室签署"权利宣言",夫妻共同继承王位。"Orange"被习惯译为"橙色"可能多少有些误会,Orange实际上是法国南部的一个地名。

曾在法国引发极大动荡的国王否决权,自从1707年就实际上销声匿迹了。还有国王主持内阁会议这种做法,在乔治一世以后再也看不到了。对如此两项能载入史册的人民力量的胜利,法国人是绝对要在法律条文上记录下来的,否则就不会有这样的事发生。英国人相信事物的内在动力,相信习惯,相信大众的意见,并把它们视为法律。

如果我们去深入研究英国的主要公权力,就会发现在每一项公权力的背后,都有许多古老但已不再使用的特权。由于受制于另一项公权力所拥有并一直积极行使的权利,这些特权可能都已失效了,但它们却从未被废除。我们不禁要问:这究竟是为了什么?答案就是:为了在出现公众意见和利益诉求时,这些特权可以被重新激活,用来处理和化解难题,或作为执行国家政策的工具,而整个宪法制度不会因此受到任何冲击。例如,在1714年①,国王的枢密院——该机构自从查理二世②时期起就已进入了政治休眠——又重现舞台,恰到时机地离间已被斯图亚特家族③拉拢的一班大臣,从而将王位继承权固定下来,赋予王室家族中的新教一脉。博尔

---

① 参见 *Mahon's History of England*, i. (1st ed.), pp. 133—137. (D).

② 译注:Charles II (1630—1685),他的父亲查理一世(Charles I)在英国内战中被处死,查理二世随即被苏格兰宣布为苏格兰国王,但当时的英格兰实际上进入一段由克伦威尔(Cromwell)统治的共和时期。1658年克伦威尔死去,1660年查理二世回到英国,继承王位。1660年后,法律文件都有所"造假",文件上面注明的日期就好像查理二世是自从1649年起一直都是英格兰的国王。

③ 译注:the Stuarts (又作 Steward)家族是欧洲著名王室家族,1371—1603年共有9位斯图亚特国王统治苏格兰。光荣革命后统治英国的两位女王玛丽和安娜也属于斯图亚特家族。

克①在谈到英国的教士会议时,就对英国宪法中某些部分的这种习惯性蛰伏状态及其永远都可以复活的本能,曾有过精彩的描述。"这个教士会议",他说,"现在只是形式上搞搞而已。它开会无非就是给国王说些得体的恭维话;这些好话说完后,它就休会了,就悄无声息了。但是,它是宪法的一个组成部分,一旦需要就会被派上用场,并发挥它的能量。"

人们常常对英国宪法的稳定性津津乐道。但事实上,英国宪法总是处于一种运动和振荡的状态,而且还格外地灵活善变。它的稳固性来自于自身的弹性,能曲而不折。它屹立不倒,凭借的不是它明确地宣示了什么,而是它处心积虑地作出的种种含糊不清的保留。

---

① 译注:Edmund Burke(1729—1797),英国政治理论家、演说家、作家,曾任国会下议院议员。其作为政治人物最让人记住他的不是他的著作,而是其支持美洲各殖民地独立革命的立场。

可是,英国宪法的这些保留和不确定状态难道不是一个严重的危险源吗?一个外国评论家可能会问英国人:你们怎样防止某项中世纪时已存在的特权在特定情况下突然被激活并对现代法律的运作形成制约?也许会有那么一天,英国出现一位好事的国王,认为全国人民已受够了一个光说不练的国会,于是便决意解散内阁,恢复旧统,由名义上拥有话事权、且其地位也为普通法所承认的国王的谋士们——我是指那百十来个由国王任命的枢密院成员——来统治。要是果真如此,你能说什么呢?如果国王像从前一样,决定通过颁布王室诰令来创建新的选区,或者通过任命终身议员来从本质上改变世袭的上议院,对这,你又能说什么呢?恐怕你也无话可说,因为国王如果真的这样做,那是完全合乎王室的古老特权的。从来没有任何立法剥夺了王室的这些权利和特权。除了长期不使用这个习惯外,你拿不出什么东西来质疑这些权利和特权。看看1860年发生的事吧。上议院突然挑战下议院几个世纪以来已紧握在手的修改税法的特权。在这个问题上,上议院拥有最后的决定权,下议院只能主张其权利,并在原则上坚持不放,以为将来之所用。

1872年又发生了什么事呢？王室出面干预军队内买军职的事①,硬是把这个事项从上议院手里夺过来,以高压手段强行作出自己的决定。但比这还更令人担忧的是国会那些可怕的权力——一个世纪前,这些权力曾危及人民的生命和自由,曾被用来作为党派复仇的工具,还曾撤销法院的保护性判决——可能会复活。国会的这些权力,全都没有再被触动过。如果有一天,国会

---

① 比较 Bagehot, English Constitution (1878 ed.), pp. xxxv., xxxvi, (D). 译注:(the purchase of officer commissions)历史上(1683—1871年),英国军队内买军职是公开的通常做法,如果有职位因为有人贪生怕死、临阵脱逃或严重的行为不检而空出来,就可以买,但可买的最高军职是上校。

的专制大多数想镇压其反对派,这些权力就可以被信手捡起,派上用场。对所有这些情况,是没法给出答案的。唯一可说的是,英国的所有政治机构都是建基于一种先入为主的乐观主义和自信之上。英国人深谙公众精神的力量。他们对言论自由的监督作用,对结社和集会的力量,都有切身体会。他们自鸣得意的是,他们的政治习惯是不需要靠制定法来维护的。当然,他们心里都清楚地认识到,所有的政治权力机构都有一些别人所没有的权力,都有一些与别人相左的主张,亦都有捍卫自己主张的看家法宝,都有一些可以用来镇压个人权利的手段。但是他们深信不疑的是,受制于公众舆论和传统,不同的政治机构都不会轻易地动用手中的这些权力,而只会在对国家有利时才会使用。而即使在有需要使用时,政治机构之间也会达成妥协,不会有人独断专行。因此,他们坚信,在他们宪法的神经中枢,维系着一种富有活力和弹性的平衡:这样一种灵活状态比起依据制定法进行的严格分权来说要优越得多。迄今为止,事实证明他们的愿望没有落空。

第四节

协议有三个:1215 年的《大宪章》①,1689 年的《权利法案》②,以及 1700 年的《王位继承法》③。这三个法

---

① 参见 Stubbs, *Select Charters*, 2nd ed. p.296.(D)。《大宪章》(*Magna Carta*)签订于 1215 年,是英国乃至西方现代政治文明的奠基石之一。在 1215 年的中国,北是女真族的金朝时代最后十多年,南是苟延残喘的南宋。四处烽火,民不聊生。

② 参见 Stubbs, *Select Charters*, 2nd ed. p.523.(D).《权利宣言》是 1689 年 2 月 13 日由制宪大会提交给威廉和玛丽的。"宣言"被放入了《权利法案》(1Will. & Mar. Sess. 2, c. 2)中,该法案在同年稍后时候通过。参见 Macaulay, *History of England*, vol. Ii, 3rd ed. pp. 657—661; and vol. Iii. p. 498.(D)

③ [12 & 13 Will. III. c. 2.] 参见 Stubbs, *Select Charters*, 2nd ed. p.528.(D)

律文件是英国政治自由的契据,是英国成文宪法的基石。

与制定法一样,这些协议是由国会三方(即国王和议会两院)共同制定的。但它们与制定法不同的地方在于协议制定时,国王不是以国会的一个组成部分这个身份出现,而是作为缔约一方,另一方则是奋起反抗他的全国人民。在这里,没有国王与上、下议院这三大宪法权力之间的通常协作,只有国王与人民两大权力之间的一次妥协。开始时,他们只是相互窥探,互不信任。随后,他们就大打出手,直到最后达成一个协议,对双方的利益都有所保护。这一特点,可以通过对上述三个协议的诞生背景作一次简要回顾而看得更为清晰。

先来看看《大宪章》。长期以来,约翰国王①敲诈勒索,滥施暴力,实已罪恶滔天。贵族们忍无可忍,奋起反

---

① 译注:King John (1166—1216), 1199—1216 年在位。

抗。1215年,他们联合起来,并拉起军队。他们在威灵福德郡集合,宣言不再效忠于他们的君主。约翰国王的追随者只剩下七个人,其他人都离他而去。无奈之下,约翰国王只好同意谈判,并签署了名为《大宪章》的这份文件。这一行为的性质是很容易界定的。它不是一个条约,因为签署的双方并不是两个合法的主权者,或者两个对立的国家;它也不是一条制定法,否则它就可以因变革或暴力而被废除。它只是一个妥协,或者说是一项协议。

这时候的贵族豪绅已不再是国王的臣民,他们已把自己从效忠君主的誓言中解放出来。他们俨如交战的一方,站在他们对面的国王就如同一个被征服的敌人,甚至与一个外敌无异,必须接受征服者开出的所有条件。如此类比,并非妄言,因为《大宪章》里所提到的惩罚措施,有些就是只有在与敌国签署的条约中才能找到。贵族们有言在先,如果国王食言违约,他们就会查封没收他的城堡,并会千方百计地使他从此不得安生。

整部《大宪章》从头至尾,你所看到的就是两支对峙着的武装力量剑拔弩张,随时都会大打出手。很显然,把这样一份文件归类为一般的法律和条例是不准确的。如果非要拿它与别的文件相比,我觉得倒是有点像《安勃斯条约》,或者《圣日耳曼和约》;也有点像法国宗教战争期间所形成的约定——给清教徒作出承诺,把他们安置到各处避难区,几乎把他们变成了一个独立的"族中之族"①。

这不是对《大宪章》进行深入研究的场合。对我们而言,它只有一种历史意义,仅此而已。它的主要条款是关于保护个人自由的,对侵犯个人自由者应如何进行

---

① 译注:法国宗教战争(1562—1598)是16世纪中末期法国天主教与(基督)新教之间的战争。安勃斯条约(The Treaty of Amboise)和圣日耳曼和约(The Peace of St. Germain)都是法国国王查理九世派代表签署的旨在恢复和平的协议,通过协议的签署,政府承认新教的特权和自由。前者的签署只是使战争暂时结束,后者的签署才最终结束了这场战争。

检控和审判,都订明了规则。这些条款比那些关于封建机构的条款要重要得多。事实上,在一个半野蛮的社会,这些正是最迫切地需要处理的事务。

此外,《大宪章》还订明,没有王国平民议会的同意,国王不得募捐或征收兵役税。

在执行的保障上,《大宪章》文本规定得出人意料地明确。用什么方式来召集平民议会,以及议会决议生效必须具备哪些条件,都有精心设计的明确规定。

《大宪章》最初文本里有两个条款规定要成立一个由20名贵族组成的永久机构,其成员由遴选产生,负责监督和指导王国朝政。然而,这两个用拉丁文标注为"重大及可讨论的问题"的条款,在第二年亨利三世[①]所确认的《大宪章》文本中没有再出现。从《大宪章》各项

---

① 译注:Henry III(1207—1272),在位期间为1216—1272年,是约翰王的儿子。

安排的数量、精确度以及实用特征来讲,它比我们接下来要考察的其他法律文件更像是一部宪法。然而,《大宪章》的重要性更多是来自于它对英国人心灵的影响,而不在于其各个条款的实际价值。在《大宪章》签署之前,英国人的民族情感脆弱而又破碎,是《大宪章》给这个民族提供了一个行动中心,而《大宪章》及其签署的日子则成了大众想象力不竭的源泉。它成为当时仍在持续的中世纪那场史诗般伟大斗争的化身。就这样,封建贵族阶级变成统一的贵族联盟,并以政治实体的面目公示天下。这个联盟实力强大,并在那些应运而生的领袖们的带领下,捍卫着整个社会的自由。《大宪章》就是他们的口号。在今日看来,《大宪章》的许多规定都已过时了,但它的精神不仅依然活着,而且仍在滋润并激励着现代的英国社会。

第二个协议是《权利法案》①。1688年,詹姆士二

---

① 参见 Stubbs, *Select Charters*, 2nd ed. p.523. (D)

世①的暴政本已引起民怨沸腾,而当时人们怀疑他要在英格兰恢复天主教。于是,一帮贵族把"橙色威廉"②找来并准备把他推上王位,詹姆士二世见势不妙逃之夭夭。在一众达官显贵的要求下,威廉召集国会两院。国会打消大家的顾虑,宣布王位空缺。但空缺由谁来填补呢?是威尔士王子吗?根据法律,他当然是王位的继承人。但没有人理会这个法律。除了威尔士王子,他的姐姐玛丽,也就是那位"橙色公主"③,也是合法的王位继承人;除了玛丽,另一个合法继承人就是安娜公主。犹豫片刻后,上议院决定不顾这个继承顺序,建议由威廉

---

① 译注:James II(1633—1701),作为英格兰国王,他是James II,但作为苏格兰国王,他是Jams IV。1685年登基,1688年被"光荣革命"废黜,逃往法国。

② 参见本章第三节关于威廉三世的译注。

③ 译注:橙色威廉的妻子。亦请参见本章第三节关于威廉三世的译注。

和玛丽共同继承王位,但统治实权则由威廉一个人独掌。这样,甚至到玛丽去世时,安娜也没有继承王位的机会,她的继承权利被剥夺了,王位将由威廉独占。这是对《王位继承法》的一次彻底的重写。下议院毫不迟疑地认可了这个继承办法和原则,但拒绝原封不动地通过它。于是,一份文件被草拟出来,列明并宣示那些被詹姆士二世侵犯的权利和自由,为防范起见,这份文件被放入邀请威廉和玛丽登基的"宣言"之中作为序言,同时也作为一个立场宣示。在白宫的大厅中,整个"宣言"被庄严地向王子和公主宣读。他们两人都不得对这份权利和自由宣言表达任何不同意见。

宣读完毕之后,哈利法克斯①直问两位尊大人一个问题:你们愿意继承王位并接受这新的《王位继承法》吗?如果他们拒绝接受"权利宣言",他们只有一个表

---

① 译注:George Savile, 1st Marquess of Halifax(1633—1695),英国政治家,作家,曾先后担任国会下议院和上议院议员。

达方法,那就是不接受哈利法克斯发出的继承王位的邀请。但即使他们不愿意接受邀请继承王位,"权利宣言"也不会因此就付诸东流,只是王位的尊崇就与他们擦身而过了。人民会先收回他们的自由和这份王位"礼赠",但人民会保留权力以另外的方式实现他们的自由。如果他们接受邀请,就必须确认宣言的序言和各条款,自觉尊重其中列出的所有权利。

如此一份文件,如此一个程序,与法国人概念中的"法"真是相去十万八千里。法是在特定事项上的命令规则。而"权利宣言"却只是记载着抗议和苦情。在英国,法是由国会和国王共同制定的。但国会和国王与"权利宣言"都扯不上关系。当时在王位继承这件事了结之前,英国并没有国王,所以也就没有国王的特权。国会两院当时还只是被称为"大会",要赋予其以国会的名分和权力,绝对需要一项原则性立法。因此,我们在这里所看到的,不是国会上、下议院和国王三方自愿合作,行使主权,制定法律,而是人民自己站了起来,对王位继任者提出明确要求,附加限制条件。

可以说,"权利宣言"就是人民的代表给予王位候选人的一项务须谨守的授权,其实质就如同西班牙阿罗根议会的声明一样。①

《权利法案》②一共有 13 个条款,几乎全部都包含有对王室特权的限制。国王无权搁置法律或放弃执行法律,无权设立特别审判机构或强加高额罚款,不得限制臣民的请愿权,不得限制国会里的言论自由,不得干涉国会的选举。《权利法案》不但重申没有国会的同意国王不得征税这一项法律,而且还附加新的限制,即没有国会的同意,国王不得拥有常备军队。可是,在如此

---

① 阿罗根议会那著名的说法是:"我们和你是平等的,我们尊你为王,但条件是你必须保护我们的自由。"

② 该法案体现了《权利宣言》的内容。

有利的情况下,关于出版自由(《权利法案》实际上同意出版受到审查)和宗教自由的诉求,居然都没有提出来。没有提出宗教自由这一点,其实并不意外,因为1688年革命爆发的缘由,就是对罗马天主教的仇恨,而革命所反对的,就是詹姆士二世对罗马天主教的纵容政策。对罗马天主教的控诉,或者说所有针对该教派的法律,任何时候都没有比威廉三世时期来得更为冷酷无情。在那个时期,辩论自由和宗教自由的重要性并没有被充分理解。这些自由要等整整一个世纪过去以后,也就是到了18世纪,才在时代的精神和习惯中得以体现。那么,对所有这些争取到的自由,《权利法案》都提供有哪些保障?只有一个,那就是国会应当时常开会,仅此而已。

我们在前面提到过,对于诸如1664年的一项明确要求国会每三年开会一次的法律①,国王都视而不见,

---

① [16 Car. II. c. i. 2],(D)

甚至在查理二世去世时,国会已有四年没开过会。所以,如果没有具体明确的规定和罚则,《权利法案》的这么一项简单要求能有什么用吗？我们必须承认,真正的保障要到另一个条款——所有新教徒有权携带武器这条规定——里才能找到。这一条的含义很清楚,就是在任何受到压迫的时候,他们都可以诉之于武力。没有科学的机制,也没有精心设计的安排来保障所争取到的自由,这正是《权利法案》最根本的特征。它只是简单地宣称拥有权利和自由,但作为保障,它同时赋予人民武装造反的权利,并提供武装造反的手段。这个权利,法国人在1793年就非常成功地行使过。① 英国人自己在

---

① 译注:路易十六(1754—1793)统治法国期间实行财政改革遭失败,1789年5月被迫召开中断已175年的三级会议。7月14日巴黎人民武装起义,爆发了资产阶级革命。但路易十六拒绝批准《人权宣言》。1792年9月建立法兰西第一共和国。1793年1月国民公会对路易十六进行审判,21日,在巴黎市中心的革命广场(今协和广场)将其处死。

1710年的撒彻维罗尔案①中也公开认可了这一权利,只不过叫得稍为温和一点,称之为"抵抗权"。

1700年《王位继承法》呈现出很不同的特征。威廉三世膝下无子,于是王位由安娜公主继承。但安娜刚刚丧子,她也将没有继承人。由于从詹姆士二世的后人里,已找不到属于清教徒的王位继承者,所以,别无选择只好回过头去找属于罗马天主教的"伪装者"和撒维公爵夫人②来作为安娜之后的王位继承人。根据当时有效的《王位继承法》,这两个人如果想继承王位,就必须先宣布放弃他们的宗教。但这个条件到时候是否会得以满足,大家没有半点把握。国会干脆就不再理会这个

---

① ［15 St. Tr. p. i. C. L.］(D)。译注:这是一个涉及宗教传教活动的刑事案件。

② 译注:伪装者(the Pretender)在当时的语境里通常是指已失去王位或王位已被对手抢占的前君主或其后代。这里具体就是指詹姆士二世的后人。

王室的继承顺序,甚至都不给"伪装者"为继承王位而考虑放弃其宗教的时间和机会①。国会决定,在安娜女王之后,王位将交由一个国外家族——布伦瑞克·汉诺威家族②——的成员来继承。按一个早已被人遗忘的族谱,这个家族是詹姆士一世的后人。除了作出这个决定外,国会还参照1688年国会的做法,在《王位继承法》里加入8个新的条款,以约束"将来的任何继承王位者"③(这是原话)。如果此人想从《王位继承法》的实施中得

---

① 由 Godolphin 提出的给"伪装者"考虑的时间和机会的动议,在国会被大多数否决。

② 译注:原系1638年成立的德国史上的布伦瑞克-卡伦堡-格丁根公国,因首府在汉诺威,故后改称为汉诺威公国。1692年,汉诺威公国公爵娶英王詹姆斯一世外孙女索菲娅为妻。他们的儿子乔治·路易在1714年到英国即位国王(即乔治一世),从而开始了英国的日耳曼血统王朝——汉诺威王朝,1917年改称为温莎王朝。

③ 参见 Act of Settlement, s. 3. (D).

益,他自然就得接受这个法律文本里载明的所有条件。

在某种意义上讲,1215年《大宪章》的签署和1689年邀请"橙色威廉"来继承王位都是一种政治交易。《王位继承法》与这两次政治交易完全不同,因为无论是从形式上还是从制定方式上看,《王位继承法》都是一条制定法。但它又与一般的条例不同,而且从其目的和特性看,它不仅仅是一个条例。它的制定完全依循立法规则:由国会两院通过,并由威廉国王自愿签署。但无论威廉本人,或是在他之后继承王位的安娜,都不受这一立法的约束。这条法律只是在他们去世之后、从新的王朝开始才生效,但新王朝甚至都没有被咨询,就只好接受已为他们安排好的这一切,他们的意愿无需顾及,他们的合作也不需要。因此,就新王朝而言,那根本就不是法律,而且是一项必须服从的命令,就如同1689年的《权利法案》一样。对于那项关于禁止国王任命任何外国人担任公职或军职,或给他们分封土地的规定,新国王不能在执行上有任何异议,因为这一项条款与把新王朝召来登基的那个条例是相关联的。《王位继承法》有一条规定,就是法官不能被免职。这一事实就是国会希望束缚国王手脚的明证。威廉三世曾在1692年否决了一个经国会两院通过的、支持法官不能被免职的法案。国会这次不愿再冒风险,以免这一项重大改革在新王朝统治下再付诸东流。因此,这一项规定就成了乔治一世以及其后人登上王位的不可或缺的条件。

《王位继承法》实质上有8个条款。第一条(也是根本的一条)明确规定,英格兰国王必须信奉国教。另外有3个条款是当时具体情况所需要的,目的是要防范外国人——在国外拥有资产,也会将其亲信带来英国——来当国王所可能招致的种种滥权和危险。就紧接而来的两个乔治朝代的情况来看,这些防范措施无疑是非常必要的,但时至今日就没有什么实际意义了。

《王位继承法》对于宪法的重要性,体现在其余4个条款里。其中两条的意图是一样的,就是要废掉内阁的实权,方法之一是不让国会议员加入内阁,方法之二是让内阁淹没在一个规模更大的枢密院里,就像过去一样。这个计划在查理二世时代曾经实施过,但失败了。现在国会重施故伎,但还是失败了,而且是彻底地失败了。这两个条款在安娜女王时期被废除①,从那以后,以国会多数为支持的政府内阁就一直存在,成为英国政治体制的核心。《王位继承法》另一个条款禁止以向国王请求宽恕来阻止一项弹劾案。② 最后一个条款强调

---

① 参见 4 and 5 Anne, c. 20.（D）. 关于《王位继承法》,奥菲尔德于 1816 年写道,这项法律有着《大宪章》的性质,是不可废除的。

② 这个条款是这样规定的:"No pardon under the Great Seal of England be pleadable to an impeachment by the Commons of England."（在英格兰管治下,对英格兰下议院作出的弹劾,都不能请求赦免。）（D）

法官不能被免职这一重要原则。这一条在乔治三世登基后第一年所通过的一条法律中得以具体法律化①,规定法官的任期为无限期,而且不必在每个新王朝上台之初再办理续任手续。

至此,我们简述了这三个协议各自的历史、特性和内容。很显然,它们在英国宪法里都各有自己的一席之地。它们代表着一种超法律的、渐进演化的元素。在过去的150年,法国人形成了一种袒护英国人的偏见,而由于法国人对自己性格和历史的谦卑回忆,我相信这种偏见还会与日俱增。但凡有法国人谈论英国的政治体制时,他都会用上这些词语:尊重传统、审慎、睿智、政治权力正常行使,以及合法的抵抗等等。这些优良的政治习惯,都名副其实。它们发展并加强了英国人的自由,但并没有创造出英国人的自由。在英国和在别处一样,自由是靠斗争得来的,是需要去争取而不是靠等来的。

---

① [I George III, ch. 23]. (D)

这些协议的历史让我们看到王权被贬抑、被流放、被剥夺立法权,被迫屈服于武力,或被陷于进退两难之困境。人民直接挑战王权,并以主权者的姿态,通过常规或非常规的机构作出决策,自行规限自己的权利范畴,甚至还改变王国自古已有的惯例。①

---

① 1884年,在因上议院在选举改革问题上持反对态度而引发骚乱后,当时的商会主席詹伯莱恩先生曾隐晦地说,可能会有成千上万的人从伯明翰冲往伦敦。索尔斯伯里爵士认为这一言论是要煽动暴力。格莱德斯通先生在1884年10月30日的上议院的会议上为他的同事辩护时,发表他的意见说,完全可以对人民说,要"热爱秩序,憎恨暴力",但只是这么一说而不采取任何别的办法是没有用的。他补充说道:"但当我放弃暴力时,我绝不能、也不会用那种女里女气的口吻来说事,这种办法只会蒙蔽国人,使他们不明了那个令人振奋的事实,那就是,他们可以从对过去斗争的回忆中,从对他们父辈优秀品质的回忆中,还从他们仍然拥有这些优秀品质的觉悟中,得到一些激励。先生,我很抱歉地说,如果在政治危机中,除了要求这个国家的人民憎恨暴力、热爱秩序、展示包容以外,不对他们作出任何具体指示,那么这个国家的自由永远也不会得到保障。"(见 Hansard, Parl. Debates, vol. 293, p. 643).(D)

第五节

从以上三个协议特别是其中最重要的《权利法案》中,我们会不由自主地被一种与法国人的思想观念大相径庭的心态所触动。让我们在此处稍作停留,并通过与法国同类宪法文件所体现的精神相比较,将这种心态勾画出来。1689年的《权利宣言》事实上就是一份革命性文件,但它没有那种它的标题会让人期许的、那种法国人认为一次革命成果所应具有的哲学和人文特征。①

---

① 这一点,毫无疑问可以归因于英国人的政治天才,同时也与英格兰所发生的最后及最重要的一次政治危机这个时代背景有关。在1688年乃至整个十七世纪的法国和英格兰,人们在预测神学、科学以及政治的未来发展时都有着这样一个突出的看法,那就是,最好的学问都只用来承认权威、维护先例以及将文典神圣化,从中归纳出真理,成为民族所崇尚的最高信条。到了18世纪,一种不同的精神出现:人们质疑权威,检验权威的

无论是在因其而引起的争论中,还是在其序言里,甚至在后来的《权利法案》的立法中,都没有提出什么大原则和金科玉律,提到的只有传统和历史渊源。的

真伪,对文典进行批判,反对文典里那些有违常识的东西。英格兰顺利地渡过了这段政治危机,因为当其时,伏尔泰式的理性主义尚未走向泛滥,而且还多少控制着整个欧洲。因历史而被奉为神圣的东西仍被尊崇。英格兰还有另一个有利的因素,那就是,人们在她的过去——英国人常常本能地回到她的历史中去——可以看到,对自由的捍卫总是那么艰苦而卓绝,但自由总是得以捍卫,自由有时候可能被践踏,但总会被重新宣示,而英国人是始终不会放弃重新宣示他们对这些自由的拥有的。法国可就大不一样了!1789年,旧政权已名存实亡。许多政府机构已陷入瘫痪或被王室颁令撤销;其他一些机构,比如议会,已被迫长期休会,而这休会的时间是如此之长,以至于人们对议会的议事程序都想不起来了,需要翻箱倒柜到处找,才能弄明白在休会之前议会是怎么议事的。由于缺少范例,没有传统,所以法国人就不得已把所有心智都花在对未来的摸索上,而18世纪的思潮则已经把他们引到了这条路子上。

确,贵族们也谈到"原有契约",但这里所谓的"原有契约"只是一项国王与人民之间的可溯至远古的契约,而不是一项社会与其成员之间的抽象契约。在《权利宣言》里,没有任何一点与卢梭理论相似的东西。它所宣称拥有的都是一些具体特定的权利,是那些王国臣民真正拥有的、历史久远的、毋庸置疑的权利。后来的《王位继承法》把这些权利称为"与生俱来的权利"。"与生俱来的权利"就是童叟皆有的权利。在那个伟大的时代,英国人民充满着骄傲,认为他们是一个受上帝眷宠的民族,他们的自由是因为出生在英国才得以拥有的特权,而不是自然法所赋予人类的共同权利。他们对权利的要求就是在这种精神的指引下提出的。在这里,我们所看到的英国人民不是一个高谈阔论的理论家,而是一个拥有一项古老权利的人正带着他的权利契约走进法院。

从当时的政治格局而言,英国1688年制宪大会所通过的法律文件就更显得意义非凡。国王出逃了,国家被外敌占领,苏格兰在与英格兰联合的问题上犹豫不决,爱尔兰随时都会发生叛乱。但贵族院和平民院偏偏选择在这个时候,对王位出缺和国王逊位的先例进行冗长而极为耐心的研究。

萨莫斯①找出了一份1399年的议会档案材料,上面清楚地写着,在理查德二世②退位和亨利四世③登基之间,王位一直是空缺的。但贵族院找出爱华德四世④统治时期第一年的记录来反驳,说根据那个记录,1399年的先例已被正式废除了。这时,特里比⑤站出来帮了萨

---

① 译注:John Somers(1651—1716),英国政治活动家,律师,威廉三世时曾任大法官。

② 译注:Richard II(1367—1400),1377—1399年在位。

③ 译注:Henry IV(1367—1413),1399—1413年在位。

④ 译注:Edward IV(1442—1483),1461—1470年在位,1470年底被推翻,但于1471年春复位直至死去。

⑤ 译注:George II Treby,(1684—1742),英国政治活动家,1718—1724年曾任战争大臣(Secretary at War)。

莫斯一把。他找出亨利七世①统治时期第一年的一份材料,说根据这份材料,爱华德四世的有关立法已被废除,因此1399年先例的效力已获重新确立。而在说到1399年先例之前,国会两院对王位问题的讨论已追溯远至威廉·鲁夫斯②和"诺曼底的理查德"③的时期。

此后不久,政治形势变得更为严峻,危机已迫在眉睫。人们质疑把威廉三世叫来继承王位的大会是否有权这么做。根据麦考利的考证④,国会当时对废黜理查德二世的各种情况进行了漫长而严肃的讨论,把王室继

---

① 译注:Henry VII(1457—1509),1485年登基,在位直至去世。

② 译注:William Rufus 即 William II(1056—1100),1087年登基,在位直至去世。

③ 译注:Richard of Normandy(933—996),942—996年为诺曼底公爵(the Duke of Normandy)。

④ Macaulay, *History of England*, ii. 3rd., p. 651. (D)

承法律的整个历史都翻查了一个遍,对"议会"这个词的词源也议了一通。但所能找到的说法都相互冲突,莫衷一是。最后,是老玛依纳德(这个名字在我看来应是个法国人的名字)①把这个问题带回到了其真正的要害所在:这是一个革命性问题。他说:"我们眼下来到了一个偏僻的新地方。如果我们决意还是要走熟悉的老路,那么我们势必寸步难行。一个身处革命洪流之中的人,如果除了合乎现规之事都不会去做,岂不等于一个必须要走出沙漠的人却停下来说:大路在哪里?我只要走大路。一个要走出沙漠的人,必须走那条最有可能带他回家的路。"②玛依纳德的建议被采纳了,但不是因为大家都心甘情愿地支持他,而仅仅是因为大家对继续争论下

---

① Maynard(玛依纳德),塔维斯托克郡的一名绅士,1602年生,1690年去世。参见 Foss, *Judges of England*, vii., p. 325.(D)

② 比较 Cobbett, *Parliamentary History*, v., p. 127.(D)

去都已感到腻味。

与此情形完全相同的一幕发生在1815年法国的立法机构里。当时,布鲁泽尔将军在滑铁卢得胜后正在向巴黎进军。① 法国的君主也出逃了,外国军队大获全胜,王朝更迭的问题正在争论之中。7月4日,《世界观察报》报道说巴黎已向英国联军投降。5日,立法机构的人民代表院照常开会。但他们没有利用这个时间来讨论国家正面临的危险,而是就加拉特②提出的"权利宣言"议案开始了一次生动活泼的审议辩论。这个"权利宣言"的内容包括:

> I,所有权利来自于人民;人民的主权由每个个人的权利所构成。

---

① 译注:英国联军在滑铁卢大败拿破仑的部队。

② 译注:Dominique Joseph Garat,(1749—1833),法国作家和政治活动家。

VIII,每个个人的自由只受到其他个人的自由的限制。

XI,有关各种科学、各种才干,以及有关品味与想象力的知识,要在大学里教授。

辩论在继续。在几个小时里,五花八门的理论都提了出来,而每一个可能的定义,无论是传统的或是权威给出的,都一一地进行了讨论。参与讨论的议员们个个都热情洋溢,赤诚满腔。其中有人大声说道:"这不是什么'权利宣言',而是一个暴力宣言。"另一个人打断他的话,说:"可是,英国人来了!""就算他们已在跟前,我还是要求我表达自己看法的权利。"会议于下午五点休会,七点继续。到傍晚前,人民代表院已通过了"权利宣言"。傍晚时候,他们又忙于讨论一个"原则宣言"。当议长宣布议案审议的投票结果时,人民代表院里气氛之热烈简直难以名状。所有的代表都站立起来,他们伸出双手,围成一团,相互拥抱着,热泪盈眶。"让敌人来吧,现在我们可以死而无憾了。"第二天,当联军正在抢占各个城门的时候,人民代表院还在就宪法的52个条款进行审议和投票,热情丝毫不减。对宪法第四章第二节的讨论被推迟到了第二天。而第二天,布鲁泽尔的军队已进入了巴黎。

从英法这两段历史,我们能非常清楚地看到两种对立的意识流:一个是历史的,另一个是哲学的。那些徒劳的争论在这两个国家都能如此轻而易举地就阻碍了人们去采取一些看来必须立即实施的实用措施。若论对人们心态的影响,当数此类事情最甚。

我们知道,希腊人即使面临战争也拒绝取消他们的奥林匹克运动会。1689年的时候,英国人所为之奋斗的理想,就是要看到他们的权利慢慢地发育成长,就像是从地平线的远处、从他们的自然历史深处,渐渐地崭露头角。他们并不在意非要亲眼看到这些权利诞生。法国人有着卓越的理性禀赋,他们简直无法想象英国人的这种理想,因为这与他们的理想实在是天渊之别。在法国,那些能够自然而又迅速地产生威力的思想,必定是发自于对人性的恻隐之心;而那些能感动英国人的思想则必定是来自于对过去一代又一代人的怜悯之情。法国人热衷于追求放之四海而皆准的概念,以让全世界所有民族都能接受,并与他们一起臣服于这些世界性立法。英国人却喜欢从一条羊肠小道一直追溯到久远的历史,他们沿途能看到他们几个世纪以来的生活就像一组长长的连环画面一样依次展开,一幅接着一幅。英国宪法深深地烙着英国民族的这种秉性。英国宪法的灵魂是历史传承,而法国宪法的灵魂则是一个理想的人类共同体。

这一显著特性就解释了英国的《权利宣言》为什么既没有条理也没有宏伟蓝图。它的十三个条款的先后排序看来完全是机缘巧合,与法国人对于一部从革命中诞生的法律的期盼决然不同。在法国,这样的一部法律总是要有一些大而全的东西在里面。法国人的这种追求,坚韧不拔,无法阻挡。建立一个完整体系,各部分相互配合,协调运转,这是多么难得的机会啊!法国人在1789年完成了这样的一项伟业。但在《权利法案》里,英国人的追求就完全不同。《权利法案》纯粹是应时之作,其本意也仅此而已。在这份1689年文件的共十三个条款中,每一条都是专门针对最近才暴露的某个"不便之处"而设计出来的,没有一个条款是从对有关问题的原则性认识而来。如果詹姆士二世没有在爱德华·豪斯爵士案中暂停那些针对罗马天主教的刑事法律的效力,那么,《权利法案》中那条谴责国王任意废除法律的权力的条款就可能不会出现了。①

---

① 同样,如果威廉三世未曾对彭廷克(Bentinck)以及他的那些外国宠信大施恩惠,那么王位继承法里可能就不会有禁止给外国人发放俸禄的限制。

通过对这些细节的考察,我们对宪法这个题目得以有更深刻的认识。如果自上而下将整个宪法大厦重建,那么它仍然会屹立于原来的基础之上;但它会是一个在特定的时间诞生而且天生就完美无缺的纯理论创建,它宣示权威所依据的不是其民族生活的过往先例,而是其内在的逻辑和自身的价值。它与历史的联系松开了或者说脱节了,因而也就得不到那种被英国人视为弥足珍贵的传统的声望。《权利法案》仅仅触及那些因最近发生的国王滥权而变得模糊不清的具体问题,它并没有改变英国宪法的主体,而是任由它继续随处漂流,随遇而安,但习惯的背影依然,直到它——用塔西佗①的话来说——"为历史所充满为止"。《权利法案》本身看上去只是这部古老宪法的一个独立部分,其得以面世也纯属

---

① 译注:Publius Cornelius Tacitus(55—117),罗马帝国执政官、元老院元老、雄辩家、历史学家。

偶然。一个科学和系统的创建不可能像它那样仅仅是如此简单的普通法复位和复活,但也不可能像它那样享有那种建基于备受尊崇的历史渊源之上的至高权威。

凡此种种,就是为什么《权利法案》既没有一个宏伟蓝图,也没有任何完整的相应立法,既没有周密的定义,也没有精明的制裁措施的原因。确言之,正因为它的不完备、不连贯、不一致,也正因为它只是就事论事地回应了偶发事件所提出的问题,所以我们不得不看到,它只不过是一个庞然大物的片鳞只爪,只不过是对一个更古老的法律的一次确认和一次不完整的宣示。所以,英国人总能明白作为他们宪法真正基石的那个习惯法。这个习惯法仍然存在,威严依旧,并没有因为《权利法案》这个重要的文件而有所改变。

第六节

制定法是英国成文宪法的第三种渊源。它们是国会两院制定并获国王签署的法律。英国法的特别之处是,它不承认宪法不同并高于一般的法律。最重要、最严肃以及最琐碎的问题,都由法律来规定。①

英国人不承认立法机构以外的制宪会议。每一届国会都认为自己有权以立法者或制宪者中任何一个角色进行立法。国会从来不会在某些重要问题上刻意地表现得格外谨慎,以便做到更加深思熟虑。国会也没有制定任何规则以避免仓促决定某些重要事项。涉及宪法问题的法律修改也不像在其他国家那样,需要通过一个特别程序。这些法律的制定和废除,比诸一般法律也没有更多的困难和犹豫。这种将一般性法律和宪法性法律混合一起的做法,在 1689 年的协议里可以找到很

---

① 《安娜条例》[The Statute 6 Anne, cap. 7] 同意国会有权通过法律改变王位继承的顺序。任何人以文字或出版物质疑该法律都将被定为叛国罪。我们已提到,国会曾两次使用这个条例赋予的权力,但实际上并不只这两次。

好的例证。这个文件是由一个妥为选出的国民大会所制定,但决定举行选举的决议并没有得到王室的签署。如果换了是法国人,他们对这样一份伟大的《权利宣言》,一定会想方设法保留其与众不同的特征,使其成为民族的象征,超然于所有规范之上,不受任何规范约束:如此即可昭告天下,人民固有之主权在此得以重光。但在英国,当时的情况是,除非国会以一般性法律的形式重新制定、通过并确认那份《权利宣言》,否则和平是不可能的。因此,在作些改头换面后,《权利宣言》就变成《权利法案》,成了一项制定法,并以此在法律的和平发展史上占得一席之地。而且,如果乍一看去,在这个法律里似乎找不到任何东西,可以唤起人们对它的特殊本质以及它诞生时的特殊背景的回忆。那些联合条约的情形也是如此。按照英国法,只有由国会三方共同并自愿通过的法律才是唯一获得认可的成文法律。国会制定法律不需要遵循任何条条框框。用帕雷的话来说,没有任何国会制定的法律会是违宪的。①

由一个通常的立法机构以普通的法律程序来处理涉及政治体制的根本问题,这难道不是极不慎重吗?如果宪法也和一般法律一样易于改变,如果没有任何东西可以约束那个容易变得草率、冲动或者富有革命热情的国会的手脚,我们还能期待有什么东西可维持稳定并持之以恒?法国1792年的那个国民大会并没有比英国国会更大或更武断,但由于它只是一个"一院制"议事机

---

① 参见 Paley, *Principles of Moral and Political Philosophy*, Book vi., c. vii., p. 464, 2nd ed.. (D)。译注:在英国加入欧盟、特别是在1998年制定 The Human Rights Act《人权法令》之后,这个传统观点已受到越来越多的挑战。至少在《人权法令》之下,法官可以宣布国会制定的某一法律与《欧洲人权公约》所订明的权利"不相符合"(declaration of incompatibility),被如此宣布的法律,国会需要进行修改。这已是一种形式上不完整(与美国比)、但实质上效果一样的"违宪审查权"。我将称之为"英式违宪审查"。

构,所以危险性会更大。英国人对这些危险不可能视若无睹,但他们处之泰然。他们一如既往地坚信,立法者的手脚会受到人民的公共精神以及习惯的声望所约束。这两者是值得信赖的宪法守护者。英国人所信奉的这一方略,正好与法国的制度南辕北辙。英国人不会把他们的宪法搞成一个严谨的整体,因为在他们看来,硬物本质上反而易脆。如是之故,英国宪法只有一部分是成文的,而即使在这一成文部分里,宪法条款也没有被贴上识别标记,而是被刻意地放在普通法律之中,与普通法律混在一起,以躲开人们的视线。打个比方来说明这一点吧。如果让宪法盛装登台,检阅法律部队,那么即使宪法身着同样的戎装,也必定会立即陷于众目睽睽之中,成为众矢之的。万全之策却是让它深居简出,养精蓄锐;或者在必要时,给它披上法律的普通外套,让它混在队伍里,身上没有任何不同的标记。

法国人给予他们的宪法以显赫、华丽和尊荣,以为如此才是预防变故的保障。英国人却是在习惯的模棱两可之中,在普通法律退隐而平庸的性格中,在让他们的宪法隐姓埋名于浩如烟海的法条里的做法中,找到了那样的安全保障。每一种制度都有其理论上的优越性和缺陷。如果权衡二者,经验似乎告诉我们,英国的制度要更为优胜一些。①

---

① 从《权利宣言》和《王位继承法》的历史,可以清楚地看出,法典的形式就是为了给宪法条款带来稳定性。当《权利宣言》在同年晚些时候成为《权利法案》时,重申其对赦免权——也就是国王擅自免去某些个人守法义务的权力——的谴责。这项谴责在《权利宣言》中是绝对而不受限制的,但在《权利法案》中,因为加入了"按照该项权力最近一次行使时的方式"这些字眼而受到了限制和削弱。这就基本上等于说,国王的这一权力仍然是存在的,而且原则上是合法的。对《王位继承法》的违反还要比这严重得多。在安娜女王的汉诺威王朝登基之前,《王位继承法》的两个条款已被废除或修改。到乔治三世的时候,由于他心烦气躁及思念故国,又把另一个条款给去掉了。可

第七节

举凡被迫告别过去之民族,都必定会回归理性主义,并试图以一个没有历史威望的权威来建立一套新的准则。对法国人而言,要让他们承认我在这里描述的这个斑驳零乱的汇编是一部宪法,非得使出九牛二虎之力不可。英国宪法的形成,就好比是在一潭呆滞而又朦胧的水面下日积月累且仍不确定的沉积,迥然不同于法国

是还要看到,这些只是小小的修改,与法国在四分之三个世纪内因为不断的革命而诞生的 13 部宪法相比,可谓是天渊之别!所有这些宪法都采用非凡的手法予以加固、夯实,以防发生突变。但当风暴一来袭,人人都被席卷而去,这些宪法也就过时了,结束了!

参见 Act of Settlement, (12 & 13 Will. III. c. 2) s. 3, Sub. Ss. 3, 4, 6 and 4 & 5 Anne, c. 20; 1 Geo. I. Stat. 2, c. 51. (D)

宪法的那种快速沉淀和无与伦比的结晶。尽管如此,这个奇特的英国宪法有着它的价值(其价值已被历史所验证),也有着它自身的特殊天赋。

它有三个特别的特征:

其一,英国宪法和其他宪法一样,也曾有过一些革命性因素,但在英国宪法这里,这种革命精神已被改弦易辙,汇入了传统的洪流之中。最终还是古老而世代相传的自由取代那些用理性铺陈、用强力征服的抽象权利。

其二,英国宪法没有进行法典化,甚至大多数是不成文的。因此,它得以摆脱被转换成大众语言的命运:它的语言含蓄而又隐晦,整体上与一般法律无异。所以,因岁月流逝而作出的诸多修改可以轻而易举地就在其中找到它们的位置,而大量事关权力平衡的重大改变,甚至都不必面对修宪的风险就已悄悄地办成了。

其三，人民被发动了起来，去看护国家体制这个方舟。这个方舟被故意剥夺了所有的防卫手段，但却充满着习惯的力量和公共精神的智慧。也正是这一点，赋予了英国宪法以很高的道德和教育力量。

第二篇
美国宪法之渊源和精神

第一节

法国的状况一直都对宪法研究非常不利,政治体制不稳定是导致这项研究在法国声名不振的首要因素。举凡革命成功后建立的政府,大概都不会鼓励任何会让人回顾其诞生背景或质疑其合法性的教育。甚至友善的评价也被视为一种危险,因为它会挑起矛盾、鼓动思考。唯有彻底的沉默才是上全之策。宪法得以列入大学课程,在法国只有过那么一次,而且为期极短。那是在1835年,巴黎某法学院专门为声名显赫的罗西创设了宪法学首席教授的职位。但在1851年12月的政变后不久,这个职位就被取消了,直到1879年国家才予以恢复。对于一项没有前途的研究,法学家自然是意兴阑珊,转而去研究政府更为支持的其他部门法。这就是为什么法国在公法的最高领域并没有任何经典著作问世的原因。这个问题本身以及时下的种种弊端,本已足以供政论者在政制问题上大书特书,然而,罗西的书几乎就是法国唯一一部有分量、称得上专著的宪法学著作。

在法国,如果说关于本国宪法的研究被忽略了,那么关于外国宪法的研究则几乎没有人去尝试过。法国人从来都不太在意外国宪法。他们念念不忘的是,他们自己的思想曾经不止一次地统治了世界,而且他们还天真地期盼着,在历史的每一个转折点,他们的思想都会重新出现,引领世界。抽象的理性主义是法国人所有创造的灵魂,它总是认为自己具有普世适用性。法国人对事物的分类是如此精巧和雅致,对计划的安排是如此巧妙,以至于他们都习惯于要赋予它们以绝对的价值,要把一切事务都囊括在这些计划框架里。最后,法语作为一种热衷于追求清晰和精确的语言,使法国人容易忽略任何无法清晰表述的东西,或者强行地对那些只能描绘或顶多只能暗示的东西进行定义。这些偏见和缺点对大多数研究外国宪法的法国学者来讲是一个障碍。在法国学者研究英美这两个伟大的盎格鲁·撒克逊政体时,这个障碍尤显突出。

法国人根本就没意识到,在研究外国宪法时,他们正在进入另一个世界,或者说一个沐浴在另一种阳光下的星球。如果他们仍坚持要裹在自己的大气层里,那么他们到那里所看到的一切,其真实面目都已被一束束折光所改变了。

我在前面已经指出研究英国宪法时容易犯的错误以及应如何避免掉进那些陷阱。我希望通过几个例子来说明在研究美国宪法时也必须小心同样的问题。同样,在研究美国宪法时,法国人也必须抛弃他们的知识习惯,放弃那种凡事都有一个现成框框的想法。他们要先让事实慢慢地渗入内心,然后再去理解这些事实的内在逻辑,而不是去扭曲事实,生搬硬套。

首先要做的一件事,就是去找来美国联邦宪法的英文文本并阅读原文。这一小小建议真的不是多余。在法国,学习外语是最近几年才有的事,所以人们还没有养成通过阅读外文原著以掌握其准确含义的习惯。①

---

① 一个不准确的译本,如果不能及时发现其错误,可能会带来极为严重的后果。1830年后不久,法美两国间就战争赔款问题进行协商。要知道,在法国,议会与政府的关系是相当紧张的,而法美两国的关系也好不了多少。杰克逊总统更是不客气,他向国会提出了非常严厉的措施。在这个时候,白宫接到来自法国的一封信,信的开头这样写道:"Le Gouvernement Francais demande",一位幼稚的白宫秘书就把这简单地译为"The French Government demands"(法国政府要求)。杰克逊总统不懂法语,一听到这一句话就暴跳如雷说:"如果法国政府胆敢在美国的地盘要求什么,它永远也得不到。"后来,一位更通晓法语的人向杰克逊解释说,与法语"demander"这个词相对应的英

在本世纪初的权威著作、甚至在14年前才出版的作品里,我们都能看到一些匪夷所思的评论或翻译错误。现略举两三例,从中我们可以看出这个陋习的贻害已到了什么程度。

像杜维吉尔①、笛福和加德这样的严肃作者,在他们那本关于欧美宪法和宪章汇编的第一版里,都居然把1789年《邦联条例》当成美国的现行宪法,而实际上《邦联条例》已于1789年被现行美国宪法所取替。同样的

语单词不是"demand"——其含义是require(要求)或exact(强硬地要求),而是"request"(请求),这位愤怒的总统这才同意听听法国人的陈述。

① 译注:Jean-Baptiste Duvergier(1792—1877),法国法学家,以编纂法律汇编而知名。曾担任拿破仑政府的司法部长。此处提及的笛福(Dufour)、加德(Guadet)以及下一段提到的孔塞(Conseil)等人,都应是当时法国法学、法律界较为知名的人士,但具体情况暂时无法查到。

错误在他们1830年后出版的补遗之中再次出现。结果,在长达至少四十年的时间里,直到托克维尔游历美国前夕,法国人(甚至包括律师在内)都还以为美国既没有参议院、众议院和总统,也没有最高法院。他们仍认为这个伟大的美利坚合众国还处在那个令人怀疑的、脆弱的邦联体制之下,而实际上,这个邦联体制早在19世纪开始之前,已被华盛顿、杰斐逊、富兰克林和汉密尔顿等人以无比的光荣予以终结了。①

孔塞先生在一本颇有价值的关于杰斐逊的书里,倒是提到了这个事实,而且他还不辞辛劳,把美国宪法翻译成法语。但他在翻译第一个条款时,犯了一个小小错

---

① 这是一个怪异的事实:在各州宪法的最后,制宪者都列出美国众议院和参议院的规则。但那是怎么样的众议院,怎么样的参议院?在各州宪法的原文中没有对此作进一步说明,但似乎这并没有让这些学富六车的制宪者们有半点不安,他们根本就没有意识到他们出的差错。

误,使得整个条款变得无法理解。

这一小错后来的命运是如此蹊跷,以至于我禁不住要在这里把这故事讲出来。那个条款这样写道:"本宪法授予的全部立法权,属于由参议院和众议院组成的合众国国会。"孔塞先生没有译成"本宪法授予的",而是译为"人民代表授予的"。如此一来,则"人民代表"将不但决定他们自己(众议院)的权力,而且还决定参议院以至整个国会的权力。这样的谬误怎么会出现呢?可能是因为在译者的版本里,该款里的"herein granted"一词被译成了法语的"par les presentes",而负责校对的人又错误地用"par les Representants"取代了"par les presentes"这几个字。接着,孔塞先生可能没有重审其稿子就同意出版了。然而,事有凑巧,托克维尔于1834年需要找一个美国宪法的法译本,而他找到的就是孔塞先生的译作。他读得也不够仔细,结果孔塞的错误不经意中又在他这里得以重复。但这还没完。另外两名著名作者,在他们于1869年编辑的经典汇编《欧洲和新世界宪法》一书中,认为他们不可能比托克维尔的版本做得更好,很自然地就相信了其准确性。与托克维尔一样,他们没有将译本与美国宪法的原文进行对照,因此,这个重大的谬误就被机械地复制。就这样,一个对美国宪法的重大误读获得了某种描述性权威,并持续长达四分之三个世纪都没有得到纠正。①

在同一个美国宪法的法译本里,那条关于总统和参议院联合提名高级公职人员的条款中的"提名"(nominate)一词——这个字与拉丁语 nominare 一样,是指"提出"(present)、"建议"(propose)、"提交名字"(submit names)——被译为法语的 nommer,意思是"任命"。而在这个条款里,"任命"(appoint)一词——其意思是"到

---

① 在 MM. Daereste 的优秀著作中有对这个句子的准确翻译,因为他查阅了原文。

一个地方任职"或"委任"——则被译为法语的 designer,意思是"指派"。就这样,美国立法者在宪法原文里精确设计的那个包括"提名和任命"两个阶段的程序,在法译本里则由一段臃肿而平俗的文字,错误地转化为一个单纯的任命行为。

这还只是在一个文件里所发生的事,而且我肯定还漏掉了其他类似的错误。所幸的是,得益于我马上要谈到的法国近年来在教育上的进步,这种极为严重的错误将会变得越来越少。比以前任何时候,现代语言教育在高中获得了更多的重视,"比较立法学会"为法学研究开拓了更为广泛的领域,而国家法务部下属的一个委员会也发表了由知识渊博的学者们翻译的诸多外国法律的精译本。但我想我已说了很多这方面的话,足以劝服那些有意研究外国宪法的人:相信任何译文,即使是印有托克维尔这一名字的译文,都不是稳妥之策,只有阅读原文才最为可靠。任何人如果不去读一个法律文件的原文正本,不去细心琢磨其中每个表述的含义,就很难把握其中所规定的每一个步骤。

第二节

任何人只要稍为留心并下点工夫,就可以对一部联邦宪法有个大概认识。但对于那些思想认识深受法国政治体制熏陶的人来说,这就远远不够了。法国人需要付出不懈的努力,才可能对这类他们完全陌生的宪法有所认识,才可能对其形成一个较为鲜明、准确和持续的印象。但这个印象有时难免又会变得模糊不清,因为在法国人心目中,宪法就应当是中央集权的、单一制的,他们这个根深蒂固的认识时常会妨碍他们对联邦宪法的学习。由于这种认识作祟,法国人常常把他们在联邦国家里所看到的一切,都拿来与单一制宪法进行类比,甚至还削足适履,硬把它们当成是与单一制宪法相一致的做法。于是,他们对美国政治体制认识不完整而产生遗漏的地方，就拿单一制国家的那些东西来填补，因此就形成一个对整个美国联邦体制非常错误的印象。

法国的法律人总是以为可以把美国宪法比作法国宪法，认为两者可以适用同样的分析方法。他们的这种认识惯性就如同长期被压抑的本能那样，每当看来要被摧垮的时刻，都总能一次次地复活。他们似乎只知道美国宪法的一个特点，那就是美国的地方政府比法国的更为"去中央化"。他们在不知不觉中形成了对美国宪法及其国会两院、总统、最高法院和《权利宣言》的严重误读。在这两部宪法之间搞这样的类比，实在是牛头不对马嘴，由此而进行的比较，就产生了对美国宪法的许多错误解读。

我就拿刚刚提及的《权利宣言》作为例子吧。

美国宪法的前六个修正案——这是在整个宪法通过后，根据杰斐逊的动议而投票通过的——在美国宪法里成为单独一章，是对宪法的补充，它在某种意义上让人想起所有经典的英式权利和自由,比如言论自由、结社权利、公共集会权利、宗教自由、陪审团审判、住宅不可侵入、私有财产神圣不可侵犯,等等①。斯托里②以及大多数美国学者把这些修正案称为"权利宣言"。依我看来,这是十分确切的。对于这个说法的含义,美国人心里是明白的,但法国人却把美国人误解了。"权利宣言"这几个字有着魔力般的声音,听起来是如此地充满着法国韵味,是如此强烈地呼唤着法国人的骄傲,以至

---

① 译注:美国宪法前十个修正案是1791年12月一起获批准通过的,被称为美国的《权利法案》。作者此处有两点可能有误(或者是英译者的错误,无法核对,但关系不大):一是这里说的是"前六个修正案"(下文还有一处说"前八个修正案");二是这里把《权利法案》(the Bill of Rights)说成是《权利宣言》(the Declaration of Rights)。

② 译注:Joseph Story(1779—1845),美国19世纪著名律师,学者,1811—1845年曾任最高法院法官。其学术代表作包括 Commentaries on the Constitution of the United States。

于它会让法国人以为他还是身在法国,所以在处理关于人和公民的绝对权利时,就要按照法国宪法那样,以天赋自由和平等的名义,将这些权利奉为神圣不可侵犯。但是,联邦宪法这些条款的含义和真正精神完全不是这样的。

美国宪法前八个修正案的那些规定,实质上是各州为了防止以联邦总统和国会为组成机构的"联邦"这个外来主权者的侵犯而订立的保障条款。

在这些修正案提出的时候,各州所要提防的是在与宗教自由、言论自由、公共集会权利等有关事务上,联邦法律或联邦官员的行为,在任何一州的实施可能会与该州宪法原则相抵触,或损害该州自己的立法权威。因此他们是为了他们的州权而作出规定,而不是为了抽象的权利。至于第一条规定的含义,斯托里解释得非常清楚,在制宪时代,在某一州占有压倒性优势的是主教派,在另一州却是长老会,而在又另一州则是公理教会。如果联邦政府得以任意地偏向或支持任何其中一个派别而排斥其他派别,则对于这些教派而言,都没有任何安全可言。"对宗教这个问题的所有权力",这位学识渊博的学者补充道,"完全留给了各州政府,由他们根据自己的正义观和他们的宪法进行规管。"①

杰斐逊没有说得如此明了。"我希望",他说,"起草一份权利宣言,以保护人民,防止他们的权利被联邦政府所侵犯,正如同他们在大多数情况下已经受到保护并不受州政府所侵犯一样。"

在最高法院 1872 年作出的一个判决中,米勒②法官这样表明他的看法:"宪法的前十一个修正案在宪法原文本通过后的如此短时期内获得通过,说明了当时人们

---

① 参见 Story, *Commentaries on the Constitutions of the U. S.*, s. 1879 (4th ed.). (D)

② 译注:Samuel Freeman Miller(1816—1890),医生和律师,1862 - 1890 年担任美国最高法院大法官。

心里一种挥之不去的对来自于联邦权力的危险感。"①

第十以及第十一修正案确实给出了一条适用于所有这些修正案的解释规则,它规定联邦宪法未授予合众国的权力,或者未禁止各州行使的权力,由各州各自保留,或由人民保留。② "应当看到",库里说,"对政府权力的限制在任何情况下都应视为是对联邦政府的限制,除非是明确地针对各州所提出的。这是联邦宪法的一条已确立的解释规则。"③

这些例子及引述清晰无误地显示,那些州是出于什么原故、为了什么诉求,才要求订立一份权利宣言并将

---

① Louisiana Slaughter-house Cases, [16 Wallace, 82]. (D)

② 第十一修正案原文:"The Powers not delegated to the United States by the Constitution, nor prohibited by it to the States, are reserved to the States respectively or to the people". (D)

③ 参见 Cooley, *Treatise on Constitutional Limitations*, 1st ed., p. 19. (D)

其作为他们加入联邦的前提条件的。他们的目的就是要限制联邦国会在任何一个州作出任何主权行为,或在那些各州公民希望不受干预或认为应当保留予各州自行立法的事务上,迫使他们接受联邦的管辖。这一点从来都进不了法国那些评论家的脑子,或者说从来没有在他们的脑子里扎下根。

譬如,当看到第六和第七修正案保障被告人由陪审团审判的权利时,他们就很自然地从这里推断出由陪审团审判是每一个美国人的权利,任何法律都不能予以干涉。当然,没有任何国会立法可能剥夺这一权利,但一个州的立法机构完全可以允许其某些司法机构不设立陪审团,不管是在民事还是在刑事案件上。①

---

① 参见 Cooley, *Treatise on Constitutional Limitations*. 1897年9月11日美国社会科学协会宣读了 Baldwin 教授的一份备忘录,其中提到,在大多数州都存在他所谓的"对陪审制度的侵蚀"的情况。实际上,受到攻击的主要是民事审判的陪审团制度。

如果在第二至第八修正案的理解上出个错误,是可以原谅的。这些修正案是用"不得"或"任何人不得"这样的措词方式来写的,并没有指明这些禁止行为所指向的机构。为了弄清其含义,我们必须注意到,在理论上,除明文规定不属其所有外,所有权利都是由各州保留的。更能让人称奇的是,类似的错误可能也会出在对第一修正案的理解上。第一修正案的用词显然是限制性的。它规定,"国会不得制定下列事项的法律:确立国教或禁止信教自由,剥夺言论自由或出版自由,等等。"

这里只提到国会,而没有提到各州。但一些法国评论家似乎看不懂这个。他们显然是这样想的:约束中央机构的,就应当像在法国一样,当然地也约束地方或省一级的机构。他们习惯于把立法者设立的有关权利,视为是一个公民作为一个人所固有的属性,都可诉求于任何一个权力机构,无论它是什么性质或处于什么层次。这个思维定势是如此强悍,以至于它总是占得上风,甚至在一个相反的观点被证实成立时也是如此。甚至拉布莱①这位名家,在以其一贯的清晰指出这些修正案的限制性含义后,他自己不但也回到法国人的观点,而且还不能自拔,以至于他都看不出在他自己所举的例子里,他已与自己在开头所提出的那些原则自相矛盾。他提出一个假设,即一个州的法律可能会建立一个出版审查机制,要求编辑们提交文章以供审核。接着,他说美国最高法院作为联邦宪法的守护者,应当宣布这项法律违宪。而真实的情况是,最高法院应当宣布它没有管辖权,仅此而已。这样的一部法律,如果是由国会制定的,才会被最高法院宣布为违宪。如果它是由州立法机构制定的,那么在联邦法院里,是不能以违宪为由将其推

---

① 译注:Édouard René Lefèbvre de Laboulaye(1811—1883),法国法学家,诗人,作家,著作包括 *The Political History of the United States*;*The United States and France*。

翻的。①

毫无疑义,即使这些规定被误解了,这一区别并没有太明显的实际作用。首先,这是因为在所有州,英国的普通法(没有任何成文立法的普通法)承认并保护前八个修正案所特别列出的各项自由。其次,这是因为大多数州由于下面将要解释的原因,且在极为慎重的考虑后,都在他们的宪法里引入了前八个修正案所保护的自由。但尽管如此,如果我们不看到这些修正案并没有赋予人民绝对的权利,而仅仅是为他们提供保障以防范联邦权力的侵犯这一事实,那么美国历史上发生的好些事,我们就无法理解。

比如,这些事就特别地难以解释:南方各州正式限

---

① 译注:作者这个观点明显有误。在1803年 *Marbury v. Madison* 案中确立起司法审查权的马歇尔大法官,在1810年的 *Fletcher v. Peck* 案又确立了联邦法院宣布州法违宪的权威。

制废奴主义者出版物的流通;在新英格兰州,那些与宗教有关的刑罚或民事惩罚(限制法律行为能力),实际上对所有宗教活动仍然继续适用;一些州给这个或那个宗教派别提供金钱资助。共和党1880年大会对这些金钱资助提出抗议,之后又投票通过一项动议,认为需要另一个宪法修正案来结束这些滥权行为。这是一个有力的证据,证明第一修正案原则上只是针对国会,它没有在宗教事务上触动各州的自由。

第三节

美国宪法除了我刚才论及的那些特点之外,还有一个特别之处也没有得到更好的理解。那就是,宪法文本只是宪法的一个部分,如果单独地看,是无法理解得透的。它就有如人的身体,你所看到的只不过是头、双脚、双手以及所有在日常生活中有用的部分,而那个内藏着重要器官的主干却是你的肉眼所看不到的。美国宪法的那个隐蔽着的基本部分就是各州的宪法。

它们的确是联邦宪法不可或缺的增补和有益的填充,也是联邦宪法运作的具体体现。法国那些即使思想最为深刻的评论家们,也都是先忙于在美国找到例证以支持他们所喜欢的理论,忙于寻找一个可以让宪法模仿的理想样本。因此,他们常常忘却了美国宪法的这一重要特性。事实上,他们无法从中推断出什么东西,只是表明他们将联邦宪法套用于一个彻头彻尾的单一制政治体制国家,是何等的莽撞。托克维尔说得很对,对各州的研究才是首先要做的一件事。但他在这一研究中,主要目的却只是为"去中央化"和地方自治进行辩护。他以极大的热情去进行分析,描绘出一幅美国市镇、县的生动画面。他建议,美国的这些市镇、县可以作为法国效仿的模式。有谁会不记得他是如何生动地在这个题目上大做文章,同时又是何等坚定地认为,道德的力量才是唯一的永恒价值?可说完这些,他话锋一转,就开始谈联邦宪法。他只用很短的一章——只有五页半纸,并分成三个部分——来论述各州的宪法。

另一方面,拉布莱则只对联邦政府的体制感兴趣。当然,在托克维尔的著作面世后,他不想再去写一篇关于美国市镇的专论,而对于各州宪法,他也没有比他那声名显赫的前辈说得更多。在他那部名著中,他对各州宪法只是偶尔有一两处暗示,匆匆地塞进一点细节。

然而,究竟有多少重要的事项没有在联邦宪法里提到?又有多少重大问题悬而未决?就拿一两个事实为例:总统选举人如何产生是由州立法决定的,但究竟是由立法机构选出或是由人民选出,是作为一个团体选出或是分区逐个选出;每个州在国会的代表到底应当由普选产生,还是由有限定的选举产生,是直接选举还是间接选举,是否只有美国公民才可以投票,或者尚未归化的移民也可享有同样的权利等,在联邦宪法里都没有规定。从这里难道还不能清楚地看出,联邦宪法不是一个完整的整体,而是需要其他立法——解决这些重要问题的立法——来补充?

我们还要进一步指出的是,不应当说各州宪法是联邦宪法的补充,而应当说联邦宪法是各州宪法的补充。这些州宪法才是美国宪政大厦的基础,甚至是大厦本身,联邦宪法只不过是大厦顶部的尖塔。毫无疑问,法国的学者都知道美国国会和总统的职权只限于少数重要事项之内,他们肯定也清楚杰斐逊的这句名言里有一定真实性——"联邦政府只是我们的外交部"。他们可能不会怀疑这样一个事实:一个美国公民(按威廉姆斯[①]的话来说)可以从不依赖联邦法律,从不利用联邦权力,也可以度其一生。但尽管如此,法国学者对这些公认之事实的印象从来都不长久。他们会思量片刻,但

---

① James Williams, *The Rise and Fall of the Model Republic*. 1863. Bentley, London.

转眼就将其抛到九霄云外,迫不及待地还是搞起那些压根儿就不靠谱的比较:将一个如此受制于地方行省、如此少有地可以派上用场的中央政府(这是个已被压缩到最小程度的政府体制①),与那个权力无边、可以为所欲为的法国中央政府进行比较。

我相信,如果你去跟大多数法国评论家说,在美国可以拿来与法国宪法进行实质和类型上的类比的只能是各州宪法,他们肯定会大为吃惊(尽管思量片刻后他们会否认他们真的吃惊了)。在联邦的所有宪法中,只有各州宪法在制定时赋予了政府普遍的权力,从而才产生了包括民法、刑法、工业立法以及执行这些法律的官员和法官在内的这样一个完整体系。唯有州宪法才是公民时时处处感觉受到保护或被压迫的力量之所在。

---

① 译注:如今的美国联邦政府与作者当年看到的联邦政府已不可同日而语了。

只有在州宪法里,我们才能找到美国政治体制的真正根基,找到启动联邦宪法各种功能的钥匙,找到其中种种奥妙的答案,找到这个王朝的出路。①

---

① 参见 *Jameson's Study of the Constitutional and Political History of the States*, 4th series of Hopkins' University Studies. 其中有这么一段:"让我们先看一看英格兰的历史。在过去 60 年,最重大的宪法措施有 1832 年、1867 年以及 1884 年的议会改革法,市政机构改革法,新济贫法,取消天主教的诸多限制,废除教堂税,基础教育组织法,大学改革,由土地所有制度而带来的继承顺序的改变,选举法,爱尔兰教会的政教分离等等。试设想,如果把所有这些立法都放到美国来做会怎么样。不用多想你就会相信,如果放在美国搞这些立法,那么,除了少数次要的规定(比如有关再分配方面的)外,几乎每一条这样的法律都只会由州来制定,或者由州的制宪大会制定,而不是由全国的立法机构来制定。"

在这一段话里,只有一个字是法国人可能想要改掉的,那就是用来界定这些措施的那个修饰词:"constitutional"(宪法的)。对法国人而言,这些措施应当是"过去 60 年重大的组织或宪法立法措施"。

我再作些补充以证明我的观点。

在联邦成立至 1860 年间,美国的权力基础经历了一次彻底的改变,从共和走向民主,再从民主变为几乎是暴民政治。但联邦宪法没有改变,没有对这个持续将近一个世纪的缓慢渐进的演变作出任何反应。如果我们只看联邦宪法,则似乎自 1789 年以来它什么也没有改变,似乎华盛顿时代的美国、杰斐逊时代的美国,或者布坎南时代的美国,看上去都没有任何政治上的不同。我还完全没有提到当今的美国。这个令人瞠目结舌的事实,应足以令未来的法国批评家们对他们先辈所沿用的研究方法产生怀疑,足以鼓励他们对美国各州宪法进行更多的基础性研究,还应当可以防止他们把例外当成规律,或把一棵树木当成一片森林。

第四节

我们绝不能单独地看美国联邦宪法,而是还必须看到作为其必要附属的各州宪法。这一点我在上面已经详加论述。但在把它作为一个完整体系加以认识之前，我们必须从各州宪法之外的其他源头再找些头绪。这些源头肯定没有州宪法重要，也比州宪法更容易被忽视，但仍然值得关注。假如你想研究一部已长期运转的机器，只看发明者的图纸，或只看精心安装着各个不同部件的底座，都是没有用的。因为这个底座不可能十分完善，也不可能完全忠于原样。由于使用经年，那些齿轮或多或少已变形，有的通过改变自己来适应新的工作环境，有的则已脱节，彻底坏掉了，必须要有新的来代替。这些改变不是都要补充到原来的工作方案里。我们可以在不同地方找到它们：或许在草稿纸上或其中某一页的角落里；而更多的情况是，它们根本就没有被写在纸上；它们的存在，只能通过观察机器本身的运转才能看出来。

类似的情况就发生在美国宪法上。在那部古老而被奉为神圣的原有法律旁边,慢慢地长出新的补充性法律。这些新法律由已获承认的新解释、被反复使用的个别做法、获得认可的越权行为所构成,而与此同时,原有的其他一些做法则已不再使用。

这些创新做法很少被写入宪法和制定法,而是记载在不同的附属性文件之中并得以沿用下来。有时候,这些文件是如此无足轻重,以至于没有人会相信其中竟隐含着如此重要的内容。也有时候,它们根本就是不成文的,只是纯粹的习惯法。如果说在某一问题上宪法和组织法的规定从来没有改变过,那么我们并不能因此就判定在这个问题上世间上的事物什么也没有改变。这样的结论将是大错特错。在"宪法没有改变"这个富有欺骗性的外表下面,分拆、重组一直在进行着。这些变化的蛛丝马迹在那些"超宪法"文献或不成文的习惯里可以找到,但即使是美国的法学家,他们自己也不是总能解释得清楚或辨别得出来。

法国人就更不用说了。法国人如果不留心观察,就根本不可能注意到美国宪法的这种变化。在法国,宪法从来没有类似的渐进式发展。没有一部法国宪法能延续足够长的时间以便让宪法自己发展变化,直至面目全非,或让宪法在习惯力量的影响下,慢慢地臻于至善。每一部法国宪法,看上去都像一部精妙而崭新的机器,刚刚出厂,每一个部件都像是用专利模具制成。法国的宪法秩序向来变更频繁,但随之而来的是整个宪法机器的全面改造,所有的细节改变都可以、也最终被写入宪法文本之中。

因此,法国人必须克服其强烈的先入为主之见,才有可能让自己相信美国宪法并非包容万象,而是很多重要的东西都隐藏在宪法之外的文件或在一些只有政治家才心知肚明的做法里。

总统的选举办法就是这种宪法渐变的一个最好例证。这个例证已被多次提及,我就不再引用了。一些更鲜为人知的事实将能更为有力地揭示出这一点：如果只是单看条文，要理解美国宪法简直就是不可能的。

我们来看国会参议院在特征和特权方面悄然发生的变化。

法国的学者一直都认为参议院是一个搞政治折中的地方，因为它有着代表各州地方利益的特点，而且也有权对政府的重大事项——比如缔约和高级公职人员的提名——进行预防性监控。在今天，这个观点还可以算是对的，但很勉强，而且还会变得越来越难以成立。然而，在很长一段时间里，这个观点并没有展现事情的真实面目。起初，参议院实质上只是一个各州特命全权大使的集会，是大陆会议的再版和某种意义上的延续。除此之外，它实质就是一个行政会议，就像原来新英格兰殖民地那些协助总督的、冠以"会议"之名的机构一样。

首先，参议院本身并不太把自己看成是立法者。从许多参议员与地方立法机构的通信中收集到的情况就可以证实,在早期他们只把自己视为与他们的州老板保持密切联系的代理人,这些老板的意志才是他们的法律。许多州在与他们的国会代表通信时所用的是这样的言词:要求国会代表如何;指示参议员如何。在杰克逊时期,泰勒参议员辞去其议席,因为他的良心不允许他根据他的州政府给予他的指示,对要求废除在各州设立国家银行的那个著名决议投支持票。① 一个正直的大使除了这样做以外,已别无选择。1828年,参议院审议一个旨在对大麻销售权给予保护的议案。这个动议对肯塔基州特别有利,而肯塔基州也正在远远地密切关

---

① 译注:美国联邦政府先后于1791年和1816年两次成立美国国家银行并在各州设立分行。针对1816年国家银行的争议最后在著名的"美国国家银行案"(McCulloch v. State of Maryland)中由最高法院解决。马歇尔大法官再次利用司法权力进一步扩大联邦的权力。

注着审议的进展。① 罗文先生是肯塔基州的参议员,他极力反对这一保护主义措施。他在演辞结束时补充说道:"根据我刚才所说,你们或许会认为我会反对这一议案。但是,我无权用自己的看法来取代我所在州的意见。"类似这样的个案,直至我们这个时代都可以找到,只不过越来越少见了。随着外交上的依靠逐渐让位予议会上的独立,参议院作为国会第二院的特征才从开始时的模糊不清变得一年比一年清晰,并且逐步得以强

---

① 参见 Benton, *Thirty Years in Congress*. (译注:原注信息不全。经核查,此处应是引自 Thomas Hart, "*Thirty years' view: or, A history of the working of the American government for thirty years, from 1820 to 1850. Chiefly taken from the Congress debates, the private papers of General Jackson, and the speeches of ex-Senator Benton, with his actual view of men and affairs; with historical notes and illustrations, and some notices of eminent deceased contemporaries*", D. Appleton and Company, New York, 1883.)

化,慢慢地改变了它起初给人的一个强烈印象——它只是某种国际会议而已。

通过同样的渐变方式,参议院作为一个行政会议的功能也逐渐淡化,而其作为国会第二院的角色则得以确立。1789年之前,参议院更多是把自己视为一个与总统权力之行使相关联的"国务顾问",而不是立法机构的一个部门。① 那时候,参议院仅有23位成员,因此与今时今日相比,它更适合于直接参与具体行政事务,而不是对立法进行充分而深入的审议。它的主要工作是在政府部长的任命、驻外大使的选用以及条约的签订等方面,与州长们密切配合。

有一份已被忽略、几乎已被遗忘的文件可以真真切切地证明,参议院曾刻意避免引起公众关注。那就是参

---

① 这是 Welling 的观点,引自 Francis Lieber 的《论公民的自由》(*On Civil Liberty*)。

议院最早的议事规则。从这些议事规则里,我们可以看到曾有长达五年的一段时间参议院的会议都不是公开的。当它以行政或外交的角色开会议事时,也就是说在讨论人事或缔约等问题时,保密显然是头等大事。甚至在今天,参议院讨论此类事项时,会议也不是公开的,其中的原因当然不难理解。另一方面,那些关于立法或财政事务的辩论则不宜闭门进行,因为这些辩论如果不为公众知悉,价值就大打折扣。尽管明白其中道理,但如果在审议立法或财政事务时,参议院还是选择闭门进行(而实际就是),那是因为他们认为这些事务只不过是参议院的零活儿,不值得为此破了保密这条大律。

直到1794年2月20日,参议院才同意将大门向公众敞开,尽管还是有点扭扭捏捏。不少参议员认为,在迈出这一步后,参议院已自行揭开其神秘的参议面纱,再也不是行政权力的闺房密友了。

但即使在走出这第一步后,参议院在长达25年多的时间里,仍然没有设立那些在美国能真正称得上有立法功能的机构:我是指那些常设委员会。自从 1799 年以来,众议院已认识到设立这些委员会的必要性,并委任了相当数量的委员会;开始时我记得只有 5 个,很快就增加到 9 个,之后又增加到 40 个或 50 个。因此,每个重要的议案,都有一个现成的、能胜任的委员会来进行审查、讨论,并向该院全体会议作出报告。此外,正如我们马上可以看到的一样,正是通过这些委员会,立法权与行政权好歹得以相互通气,一个权力多多少少地对另一个权力形成制约。

甚至在本世纪头十几年过去后,即直到 1816 年时,参议院还是没有设立任何常设委员会。直到第十四届国会后半期的时候,参议院才终于意识到其立法功能的重要性,于是决定模仿众议院的做法,设立常设委员会。从那个时候起,参议院里的讨论才变得更为全面和更有意思。当时,它只有 40 位议员,而今天它的议员总数要比这个数目多出一倍还多。① 对参议院渐变演化成为一个立法院的这个过程,有必要一路追踪,直至看到它已完成了化蛹成蝶的质变。

由此我们可以看出,注重事情发生的日期是多么重要,而那些只会盯着官方文本、其他东西一概置之不理的观察家,是多么容易地获得不准确的信息。

在联邦的早期,大家都预言美国的众议院会变得像英国的下议院一样出类拔萃。但人们被这个表面的类比误导了。如果看得更仔细些,我们就能看到,根据联邦宪法的精神以及字面意义,拥有压倒性权力的是参议院而不是众议院。但参议院自己也被同样的错误认识所迷惑。我前面提到的议事规则,记载着参议院的种种

---

① 现在(1891年),参议院的议员数目是88人。(D)。(译注:现在美国参议院议员共100人,不包括担任参议院议长但没有议员资格的副总统)

踌躇和顾忌。正是这些踌躇和顾忌,长期以来使参议院的权力定位远低于宪法所赋予它的权力。

同时,我们也能看到参议院如何慢慢地收复失地,重新占领那些自己早前放弃、然后被众议院占据的地盘。事实上,这个过程就是一场深刻的变革,是一次重大的权力和影响力的转移,也是一次决定性的权力平衡的转变。但所有这些改变都没有在宪法上留下任何痕迹。另一方面,参议院重夺实权靠的不是强化其作为各州代表的角色以及这一角色所承载的地方主义精神,相反,在这一变革过程中,参议院变得越来越像是立法机构里的第二院,变得异常明显地充满国家主义的精神。如果你只是通过看宪法和法律条款来辨认这个国家的宪政轨迹,如果你不到我特别强调过其重要性的附属性文件里去追踪觅迹,那么所有这些纷繁复杂的演变你是难以发现的。

众议院在财政事务上的优先权的演变,也同样可以说明这个问题。

在费城制宪会议上,原先提出的有关宪法条款是把涉及募捐或拨款的提案权都交给众议院的,但最后通过的条款①则把众议院在这方面的提案特权仅限在征税上。尽管如此,实际的做法是无论是征税或是一般性的拨款议案,都由众议院提出。这种做法在宪法通过后就一直沿用。因此,尽管宪法的一个特别条款只是把部分财政议案的提案权给了众议院(该条款就是为此目的而获得通过的),但习惯却帮助众议院掌握了全部的财政提案权。

但这样一项对众议院极为有利的权力,却匪夷所思地变成了众议院的劣势,让它在财政事务上的影响力不

---

① 该条款的原文是"All Bills for raising revenue shall originate in the House of Representatives; but the Senate may propose or concur with amendments as on other Bills." 见《美国宪法》第1条第7款。比较 Story, *On the Constitution*, 4th ed., ss. 874—880. (D)

增反降。究其原因,这是众议院自己的议事规则所导致的结果。

事情是这样的。

众议院通过的财政议案必须送到参议院审议,而参议院则有权对有关议案进行修订。参议院充分地行使、有时甚至是滥用其修订权。当经参议院修订的财政议案重新回到众议院的时候,常常是国会会期都快要结束了。依据规则,众议院本来可以不理会参议院的修订,甚至可以不经讨论就拒绝采纳参议院提出的任何修订。但参议院寸步不让,坚持要作出修订。如果出现这种僵局,在经双方同意后,有关议案将被送交一个由三位众议员和三位参议员组成的委员会,由该委员会来寻找妥协办法,然后提交报告分别送参众两院。有人可能会以为,众议院在这个阶段会对议案的各条款进行讨论。恰恰相反!根据参众两院各自的议事规则,任何意欲修改上述委员会报告结论的动议都不会被接纳。与参议院一样,众议院必须整个接受或拒绝委员会报告的全部内容。如果众议院拒绝这一报告(这种情况偶尔发生过),那么就需要成立一个新的委员会,提出新的报告。到那时,由于时间紧迫,众议院就很难不就范投降了,特别是到了国会任期即将届满的那一年的3月4日。

不难看出,这个程序对参议院是非常有利的。① 众议院议案的所有条款在参议院都经受充分、严肃和有效的讨论,而参议院提出的修订在众议院里却几乎得不到讨论。事实上,众议院对参议院提出的修订是不予考虑的。众议院只会考虑参众两院联合委员会的结论,尽管在这个委员会里代表众议院的只有它的三位议员,尽管联合委员会的讨论并不在众议院进行,也尽管联合委员会公布的结论是一个整体而不是针对每一项修订。如

---

① 关于这一点,参见 Senator Hoar 的文章,刊在 *North America Review*, Feb., 1879, vol. 138, p. 113.

果委员会里的那三位参议员表现得稍为坚定些,参议院提出的大多数修订就会成为联合委员会的最后妥协而被保留下来,那么,众议院由于时间问题就别无选择,只好同意通过。但平心而论,参议院及其委员会成员在行使其特权时,从来不走向极端。

在参议院对财政预算案提出修订后,美国众议院在这个问题上的处境与法国参议院的情况相似。在法国,到了年底的时候,国民会议通过的财政预算案会被送到参议院,而参议院必须仓促地予以通过,否则就必须在几个月内通过一个临时财政预算。

一位重量级的美国政治家在1880年说过,众议院在1832年、1856年以及1870年为保卫其财政优先权不受参议院侵蚀而作出的所有努力,实际上损害了其自身的平等立法地位。众议院如果放弃这一特权——这一特权的真正实惠已落入参议院手中——反而可能会有所得。关于这一切,如果你除了宪法条款别的什么也不看,你就根本不可能有所认识。

第五节

我们已经看到,若要准确理解和掌握美国宪法的含义必须要注意些什么。对一部机器也是如此,若要了解其正常运作的原理,并根据其运转的情况对其状况作出判断,就必须了解它的所有部件是如何相互衔接的。

在对美国宪法作过客观公正的研究后,你会得到这样的第一印象:联邦宪法存在严重的结构性瑕疵,是一部很不完善的机器,其中有些部件在第一次运转时就已损坏。众所周知,宪法的主要目的是在行政和立法之间建立起协调关系,以防止它们之间产生激烈冲突,或者无论如何也要避免这种冲突永久地持续下去。为此,宪法会设定好和平解决的机制以迅速化解这种冲突。但是,联邦宪法似乎是把挑起、组织和激化行政和立法的冲突作为其目的之一。它给争议的产生提供大量的机会,并任由这些争议长时间地持续下去。

在任何时候、任何国家,创建并维持立法与行政间良好的互谅互让关系都是至关重要的头等大事,为此可不惜费尽心力。特别是在英国,政治家的首要任务就是把这两个权力尽可能地协调起来,在它们之间建立起连接点。他们可以说是将一个权力嫁接到另一个权力之上。但同时,他们能预见到两者可能会出现不和,于是便立下规矩以根据人民的意愿迅速地在它们之间重建和谐。费城制宪会议固执地迷信孟德斯鸠的三权分立理论,费尽心思要把行政和立法两权分开。因此,他们为行政和立法所铺设的路径永远是平行的,不会在任何节点发生交叉。这两个权力相互能看到对方,能远远地用一个眼神或一句话语来威胁对方,但它们在平行路上无法碰头,无法通过近身肉搏战以一分胜负,决出谁才是掌握最后话语权的老大。

在英国,政府部长都是国会议员,他们实际操控着所有的立法工作。没有比这个设计更合理的了。毫无疑问,这些部长才是最了解政府的需要和困难的人。他们比任何人都更清楚需要立什么法。因为要对所有获得通过的法律负责,所以他们就不得不极为谨慎,阻止那些考虑不周、易生枝节的立法计划得以出台。而在美国,政府部长是不得兼任国会议员的。总统及其宪法顾问只能通过口信或书面声明来与国会两院进行沟通。根据《宪法》第 2 条,总统应不时向国会报告情况,并提出他认为必要和适宜的措施请国会考虑。但无论是总统或是那些部长,都不能在国会内跟进他们所提出的建议,或者说提出的动议。他们不能把这些建议变为正式的议案,也不能以一个负责任政府所拥有的权威来支持这些建议。他们不能消除国会议员对政府立法建议的误解,不能搁置违背立法目的的修订,也不能在国会辩论过程中根据国会里的情况来对法案的措词进行修改。一个成熟、明智和稳健的立法行动所必须具备的所有这些条件,美国总统和他的部长们都不具有。他们能做的,只是让别人听见他们在幕后嚷嚷。

如果允许政府部长兼任立法机构成员,那么实际的做法就十有八九会要求他们必须是立法机构成员,而且最好还是议会多数的领袖。英国的情况就是这样的。在形式上,部长大臣是由君主任命的,但事实上,他们是由他们一伙中地位最高的那位——也就是首相——来挑拣的。而首相本人,在一定意义上讲,是由下议院的大多数直接选举产生。① 这些须经下议院大多数的推举才得以上任的部长,一旦失去下议院大多数的支持,职位就将不保。哪怕只有一丁点儿不信任动议的风吹草动,就足以令他们鞠躬下台。他们大多是有头有脸的

---

① 译注:这个说法已不符合现在的情况。英国首相由在大选中胜出的政党的领袖担任,不会在下议院进行任何形式的选举。

人物,众星捧月的领袖,让人崇拜的演说家。对他们来说,一切的一切都是荣誉问题,他们不会赖着不走,在座位上等着别人再来羞辱一番,说他们已经失宠了。如果内阁与议会意见分歧,冲突会很快结束。在被投了不信任票后,部长们就会辞职,把位置让给那些与议会大多数意见一致的人。于是,立法与行政之间的和谐得以重新建立起来。

这样一种让政府时刻担心会沦为国会少数派的机制,在美国是没有的。在美国,国会任何一院都没有权力扳倒政府部长。事实是,美国的政府内阁不是一个政治家委员会,而仅仅是一个主要官员委员会。这些官员都是公务员首长,是可以被免职的。这些行政官员与国会两院毫无干系,他们不依赖于国会,而是依赖于总统。只要他们还能获得他们老板的信任,国会的不信任动议对他们就没有丝毫影响。他们公认不讳的义务就是当国会对总统不客气的时候,紧密地团结在总统的周围。

此外,他们无须在向国会提出的议案上署名,也不亲自参加国会的辩论。到议会去表演一番,既不能满足他们作为演说家的虚荣,也不涉及他们作为政府高官的责任。然而,国会有一种办法对付他们,那就是,以参议院2/3多数予以谴责,然后还可以紧追不放进行弹劾。但这是一个笨拙愚钝的武器,除非是对于公开叛国的情况,否则只适合于存入宪法古董博物院里,束之高阁。因此,部长可以在违背国会意愿的情况下继续任职,带领国家在国会不认可的道路上继续前进。当然,这里的前提是总统认同他们的意见,而且这种意见上的一致性在整个总统任期(即4年)内能一直维持着。这种格局让人看到的,就是一个由宪法自己所招致的永无休止的冲突局面。

一个在体制上对立的立法机构,尽管扳不倒政府,但毕竟还是可以制约政府的,至少可以防止其独断专行、为所欲为。对于行政与立法的关系,英国宪法提供了另一种重建和谐的办法,那就是解散议会,重新大选。① 其结果是,原来议会中的多数要么得以留下,要么就得让位于支持行政部门的那个新的多数。也就是说,他们要么可以留任,要么就必须辞职。在六个星期内,下议院和内阁之间的和谐得以恢复。在美国,行政部门没有这种诉诸全国并询问人民意愿的解决办法。它必须等待,直至众议院的任期(固定为两年)已届满,而参议院自己(6年内分3次每次改选1/3议员)也已经过一两次选举。在这之前,政府部门就被死死地与对立的立法机构拴在一起,眼巴巴地看着自己的行为被扭曲,还不得不在

---

① 译注:2011年英国通过《固定任期国会法》(Fixed-Term Parliament Act 2011),规定从2015年开始,国会的任期固定为5年。这项立法实际上取消了过去首相(以女王的名义)解散国会、提前大选的权力。在这项法律下,只有两种情况之一出现时,可以提前进行大选:一是国会下议院通过对政府的不信任动议;二是国会下议院以2/3多数通过决议,认为有必要提前进行大选。

他们认为最有必要的立法得不到通过的情况下,强为无米之炊。所以,他们还是决定少做为佳,对不得已必须采取的举措也小心计算,以免引发风暴。他们有时宁可放弃那些在执行上政府需要寻求国会信任或旷日持久的计划。他们的政策变得单调、犹豫,只求眼下的效果。

没有比维持和延续这样一个政府更需要艺术的了。这是个虚弱的、内部分裂的政府。它没有政策、没有信用,不愿意也没有能力执行国家的意志。

然而,三权分立在美国也还是有一些例外的。我将只说说其中两项,因为它们都是如此独特,如此显然地与美国政治体制的原则背道而驰,与最明显的现实需要相矛盾,以至于乍看起来,永远保留这些例外简直就是不可理喻。

美国1789年宪法的本意是让行政权在自己的权力范畴内能自己做主。因此,人们自然就会以为宪法应当确保行政部门可以自行挑选其代理人,特别是政府部长。但实际上根本就不是这么一回事。部长的挑选必须得到国会中的一院即参议院的同意,尽管一经任命,他们就不再受国会两院的控制。参议院的决定不是对行政部门作为一个机构的组成而作出的。政府向参议院报送的是每个职位人选的个人名字。参议院可以同意这一个而否决另一个,从而给负责人事任命的行政部门也就是总统制造些麻烦。参议院的这一权力并不是广义上的政治监控,而政府部长的任命说到底只不过是个微不足道的人事问题。这个权力不足以产生广泛而健康的影响,反而仅仅是一种只能起到阻碍、添乱和弱化作用的监控。至于国会的另一院即众议院,则无论是在政府部长任命之前或之后,都对他们的选用没有任何影响力。如果说国会深度介入政府的组成是不允许的,那为什么参议院可以插手,众议院却被晾在一边、无权过问?我们稍后在挖掘美国宪法的精神时会找到一些原因,为这个问题提供解释。但既然参议院的干预是有价值的,为什么这种干预不能反复使用并在必要时纠正在挑选部长人选时犯下的错误?

第二项例外更是令人惊讶不已。总统拟出条约并与外国政府谈判签约。在英国(姑且以其为例),条约一经主权者签署即告圆满完成。但美国宪法除了这一要求之外,还规定条约必须经参议院讨论并批准,并且需要不少于2/3多数支持才能通过。于是乎,参议员的1/3再加上一位议员,就可以阻挡住参议院的2/3、行政部门(总统和他的部长们)乃至国家的其他所有权力。仅此1/3,就可以彻底否定一个众志成城的大多数的工作,干扰国家与某一外国意欲建立的友好关系。波兰的自由否决制①也不见得比这个体制安排更异乎寻常。

---

① 译注:又称"贵族自由制"或"黄金自由制",出现于14世纪中末期至15世纪的波兰王国。这是个独特的制度,以强大的贵族和弱小的国王为特点,贵族阶级拥有广泛的特权,国王也难奈其何。一句话概括就是"国王当政但不统治"。

最后,美国这个宪法体制之怪异也令人叹为观止。条约在参议院获得通过后,并不会报送到或知会众议院。对这一条约,众议院并不比普通市民有更多的知情权。比如说,总统和参议院可以通过订立条约割让或吞并领土,但与此有关的任何事情都不会在众议院里进行讨论,除非领土的割让或吞并涉及财政的收入或支出。此外,必须补充说明的是,即使条约中有条款要求从公共收入中拨款,众议院也不会去讨论已获参议院通过的那个条约的条款内容,而是把它作为既成事实默默地接受并投票通过必要的拨款。这是一条自从华盛顿时代就已经形成了的规矩。

法国人习惯于把宪法设想成一部哲学作品,其中的任何东西都可以从原则推断出来;或设想成一个艺术作品,其中的层次必须分明,对称必须完美;再或设想成一部科学机器,其设计是如此精确、所用钢材是如此精良坚固,以至于哪怕是最轻微的阻碍都是不可能出现的。

因此，法国人面对像美国宪法这样一个粗糙的、错漏百出而又矛盾丛生的草图，这样一部简陋的、装配残缺的机器，完全是惊呆了。他们不禁要问，到底是何种魔力能使那些本来会不断制造出事故、停顿和紊乱的设计，却偏偏能正常地、平稳地、甚至是令人满意地运作？

这部机器的运作其实并没有那么神秘。假定机器的引擎是由极具天赋、技术娴熟而又注意力集中的技师操纵；再假定引擎本身很独特，而工厂里的大多数机器则是由另一个或独立的动力源牵引；最后假定这个工厂坐落于荒山野地，远离其他工厂和人群。那么，在其他地方所需要的诸多小心谨慎，在这里就显得多余了。许多禁忌和防范性措施在这里也都变得不必要了。甚至让一些不规则或者动力不足的情况出现，还被认为是求之不得的好事，因为付出这一点代价肯定会在别的地方得到补偿，而且不用担心机器的整体运作会因此受到干扰。

我刚才已引用了一个例子,说明政治家能以哪些明智之举,去减少一个危险的宪法体制可能导致的恶果。我们已看到,在华盛顿时代,众议院被迫放弃对总统缔结的并经参议院批准的条约的具体条款内容进行讨论的权利。从那个时候起,众议院就一直很明智地不在这些事务上挑起尖锐的冲突,而是接受这样一个如此贬损其权力的宪法解释。在这里,众议院作出了相当程度的自贬,这是美洲大陆那些民选议会很少能做到的。

同样地,被宪法赋予政府部长人选否决权的参议院,为自己制定了一条铁律,即只是纯粹地、简单地通过总统的部长提名,即使在参议院大多数和总统之间出现意见分歧的时候,也必须如此。除非国难当头,或者政治争斗不可调和,否则参议院极少偏离这一铁律。一个不会为了应付对手而滥用其特权的大多数,一个谨守宪法所赋予之权限的代表机构,一个甚至在于己不利时仍然理解和尊重政府生存条件的立法机构;这就是三个奇迹！这里所蕴含的智慧，比你在一个彻头彻尾的民主社会里所期望看到的还要多得多。

我再举最后一个例子，以说明这种注重实践的美国精神。尽管这种精神总是那样强烈、那样清晰，但在这个案例中，却表现得视野不开、眼光短浅。这个例子将进一步揭示，实践是在如何悄悄地修订法律的文本。

白哲特[①]对英国宪法的阐释为议会制度的悖论提供了一个解决方案。像下议院这样的一个代表大会，实质上就是一个会议。要知道，在一个会议里，最为需要或者最易丢失的品质，就是自控、经验、冷静以及反省、预判力和延续性。没有这些品质，就不会有良好的法律和良好的政府。因此，一个代表大会是最不适合进行立法的，然而，立法恰恰又是这样一个机构的特别功能。

---

① 译注：Walter Bagehot（1826—1877），英国19世纪著名宪法学家，代表作是 *The English Constitution*.

我们都知道英国人是如何绕过这个难题并将下议院改变成一个相当有效的立法机构的。在下议院里，两党分立，而两党的成员都把他们的提案权交到其头头手里。这些头头都是政府部长或者已获确认的部长继任人。他们都是些知进退、有学识的人物，是经过一个冗长的程序在全国、在议会里精挑细选出来的，他们的地位因为权力的行使而得以确立。他们的党尊重并听从他们的意见。事实上，所有立法的准备和分析工作都是在议院（或会议）以外进行，交由这一小部分既了解工作而又意见一致的人负责。于是，良好的立法工作所需要的条件得以重新确立起来。

这个富有创意的设计美国人却没能用上。在美国，宪法将部长们拒于国会之外，他们在国会里没有任何权力。与此同时，部长们无法在国会内行使的统筹协调权力，却没有人能接过手来。不错，美国与英国一样，也有两个大党。这些党在全国范围内是相当团结和有纪律的,因为他们必须行动一致,才能抢得总统宝座或在国会里占据多数。但在国会里,他们就不是那样地拧成一股绳了,因为他们不掌握行政权力,无法带头发起进攻。在国会这个领域里,党的纽带变得松弛了,强大的政治同盟变得游离涣散,因为缺少一个没有协调一致的行动便无法实现的重要目标,也缺少一个为更好地实现这一目标而统领队伍的最高长官。每一个议员都是天马行空,只顾个人喜好,旁的一概不问,而且常常是无所顾忌、不讲分寸地自行其是。这种议会个人主义所产生的立法,几乎没有不是既多余又没用、既语无伦次又自相矛盾的,几乎全都是狭隘的、局促的,没有鲜明的特征,缺乏关联性,也很不成熟。

美国人感觉到了这种危险性,而众议院则通过以下的办法来设法回避这种危险。在第一届国会开会之初,众议院议长任命了 48 个委员会,每个都与主要的行政部门相对应,其中有特别对应拨款、税赋、选举、外交事务、公共土地、铁路和运河、商务、司法的委员会,等等。国会开会期间所提出的法案数以千计,它们都按所属范畴,分别被送交到相关的专门委员会。但这些法案的绝大多数都没有机会得到审议,因为根本就没有时间。众议院在两年时间内,开会不超过100天(考虑到所有削减会期的因素)。这样,留给审议每个委员会报告的时间,平均只有两个小时。除此之外,那两个财政委员会以及一两个其他的委员会在任何时间都有优先听审的特权——它们挤走正在使用议事大厅的其他委员会,取而代之,提交它们自己的报告,而它们的报告往往都会带来冗长的辩论。于是,留给其他委员会的时间就缩短了。其结果是,大量的法案就这样被中途拦截,只有那些运气好、能引起某个委员会的主席或其主要成员兴趣的议案,才可能获得众议院全体会议的审议。在一次会议——这确实是一条奇怪的规则——只是报告人一人有权发言,而且其发言可以长达一个小时。他可能会从这短短的时间里让出几分钟给那些希望在这个议题上发表自己看法的人,但他这样做通常只是出于礼貌。每一次,报告人在报告时间快结束时,总会提出原先的问题(即要求在一段固定时间后终结辩论),而大会则几乎从不拒绝对此进行表决。这样做的实际效果就是让报告人多获得一个小时的发言时间,然后,审议就结束了。但是,在第一个小时里,若没有报告人的同意,任何修正案都不能提出。同样,在第二个小时里,即在就那个原先的问题进行表决后,也不能有任何修订。因此,无论委员会所报告的法案内容如何,要对其作任何修订是件至为困难的事。它们要么原封不动地被接纳,要么整个儿地被拒绝。还需要注意的是,占据着议事大厅的那个委员会,要报告的议案总是很多,但给它的时间总是不够。因此,它就拼命地赶,尽量压缩讨论时间,以便能提出其他议案。最后要注意的是,其他委员会,也就是众议院的所有议员,都无意让辩论久拖下去,这样,他们不必等候太久,就可以轮到他们了。因此,议员只会作一些简短的评论,然后就进行表决。简而言之,所有这一切的作用在于:一方面压缩辩论,另一方面通过限制修正案的提案权来削弱辩论。尽管有了这些凑合的应对办法,但如果没有别的手段,那么,能进入到最后表决阶段的法案,相对于庞大数量的所提法案而言,还是少得可怜。由于这个缘故,每个周一的特定时段,尤其是在国会会期即将届满的最后十天,每个议员都可以请求冻结议事规则,而如果有 2/3 的议员同意这一请求(无须讨论即直接投票表决),那么,提请全体会议审议的法案就在无辩论、无修订的情况下,要么获通过、要么被拒绝。因此,到了国会快要休会的最后时刻,众议院为了不落下一事无成的坏名声,就会把门户洞开,让法案鱼贯而过,不经受任何严肃的审查。这种马虎了事的做法与游手好闲一个德行,终究还是会声名狼藉。

结果显而易见:立法太多的危险是避免了,但为此付出了沉重的代价。实质上,众议院剥夺了其议员的创设权,也放弃了自己的慎思功能。这种情况让人想起法兰西帝国1852年立法机构的很多事。这个立法机构对由最高行政法院①在立法机构之外拟备的法案,也不允许提出任何自由修订,就直接付诸表决。在美国,这个最高行政法院的角色是由那48个规模不大的常设委员会来扮演的。正是这些委员会掌控着所有立法工作的启动、进度以及最后的把关。表面上,同时也是在大众看来,众议院保住了美国宪法认为是"人民权利之根本"的言论和讨论自由。事实上,众议院已不再是一个辩论的集会,而只是一个对那四五十个小小委员会闭门造车搞出的建议进行仓促表决的工具。然而,这一个重

---

① 译注:Council d'Etat,法国最高行政法院,是法国中央政府的一个机构,既是行政部门的法律顾问,又是行政诉讼的最高法院。创建于拿破仑时期。

大改变却没有在宪法条款上留下任何蛛丝马迹。美国人不熟悉,或者是已经忘却了,议会辩论的广度在英国下议院那里为那些天才,为那些远见卓识和新颖思想,打开了一个广阔的天地。在英国,辩论的公开性促使公共意见的形成,让全国人民有份参与决策。这样的决策是面向公众的,是经过深思熟虑和充分的攻防推敲而形成的。通过这种办法,更高层次的政治生活在经过国会里的浓缩和净化之后,某种意义上又在群众当中扩散开来。而在美国,众议院因为其立法程序的枯燥、简短以及不加掩饰的仓促,使得它与国情民意失去了联系。它再也不能够在其院墙以外唤起回响。现在,众议院尽管已实现普选,但反倒不如其选民基础极低但仍保留辩论的自由、充分和庄严的时候更能代表民意。立法不审慎,议会里七嘴八舌,而由于部长们不能兼任议员,众议院也因此缺乏灵活的制衡。凡此种种,都潜伏着危险。无奈之下,美国人采取了如此僵硬严苛的议事规则,以至于这些规则窒息了(或者用美国人的话来讲,"卡死"了)众议院的所有辩论。同样的原因产生同样的结果:众议院于是被拖入一个耻辱的境地,扮演着与法兰西第一和第二帝国的立法机构相同的角色。

众议院与参议院内设的这些委员会,其政治影响力也同样举足轻重。

我已提到过美国的政府部长无权加入国会这一事实。令人惊讶的是,这种行政与立法完全分立的制度安排在公共事务的管理上才更显示出其危害性。其原因是多方面的,但有一点与众议院和参议院之间既已形成的一个做法有关。这个做法甚至在两院的议事规则里都找不到,它纯粹是一个习惯,是不成文的。要知道,在我已谈到的这些常设委员会里,肯定有一个是与某一个政府部门相对应的。当一位政府部长希望推出一个法案时,他首先要与众参两院相关委员会的主席达成谅解。这些委员会主席,每一个都像是所对应政府部门的外部领导,或者是这个政府部门在任何时候都必须对其言听计从的军师。有时候,如果这样的一位领导能力更强,他实际上就成了那个相应政府部门的真正部长。森奈尔①——那位大名鼎鼎的参议院外交事务委员会主席——就是这样的人物。在很长一段时间里,他左右着联邦的外交政策。

尽管如此,这种内设委员会的组织形式仍然是纰漏百出。首先,这些委员会都有两个主席(一个在众议院,一个在参议院),因此,他们之间可能会出现分歧,或者他们都反对行政部门的立场、不打算接受行政部门提出的任何建议。很显然,其中的任何一点异议都足以使得事情陷入死局。在早期,众议院曾很理性地采取措施,以尽量减少这些恼人异议的发生。我发现众参两院在

---

① 译注:Charles Sumner(1811—1874),律师,曾在哈佛大学法学院任教,1851年当选美国参议员。

1841年确立了以下的做法：一是，那些特别委员会以及与政府部门相对应的常设委员会，在组成上应以执政党议员为多数，再加相当数目的反对党议员为少数；二是，那个特别委员会的主席总是由法案草拟者来担任，由他负责对议案进行审查并提出报告。在同一年，参议院临时主席任命了一个全部成员都有政党背景、同时也包含反对党议员的委员会。但这位参议院临时主席被一位重量级人物金先生叫板，金先生言之凿凿地说，事实上参议院一直以来的做法与此恰好相反。①

于是，政府与国会之间的鸿沟再也不是无法弥合。这么说吧，首先是通过设立委员会这一招数，就已在河道上建起了一个浅滩；然后，在浅滩的另一边，还提供了一个良好的着陆点，以便部长们能拎着他们的计划轻易

---

① Thirty Years in Congress, Benton, ii., 235. 参见本篇第四节译注。

地登岸。这样,当部长们在国会的朋友提出一个法案时,这个法案就将获得支持,并由一个有能力的、友好的委员会进行审议,然后再根据该委员会的报告,呈交众议院作最后的裁决。

这样的一个做法,本身蕴含着非凡的谨慎和智慧,但依我看来,它也未能抵制党派的影响。我手头就有1877年参议院所有委员会的组成情况。当时,参议院是民主党的,而政府则是共和党的。参议院的大多数委员会均由民主党掌控。与过去的情况基本一样,在这些委员会里,支持政府的"少数",其人数之多,可以达到多一人即不再是少数的地步。因此,通常的情况就是,所谓的"少数",就是委员会一半成员减一。而被叫来担当这个"少数"的,都是些年纪最大、资历最深故而最为谨慎、最不容易感情用事而挑起派别纷争的议员。即使不去夸大这些令人称奇的修补的重要性,不去否认允许作出这些修补的习惯法的不确定性,但我想,如果你在这一问题上只满足于宪法条款所作出的粗略的、条目式的宣示,如果你不看到谨慎、深思和政治智慧这些秉性——这些秉性已由一个在大不列颠土壤上养成的悠久的议会习惯移植到了其移民的后代(也就是今天的美国人民)的本能里,或者说,已融入了他们的血液里——那么,要想真正了解行政部长与国会议员两个身份间的不可调和性在美国所产生的效果,是不可能的。

同时,我必须指出,即使没有这些非同寻常的品质,也不会酿成不可挽救的伤害。我前面所提到的所有结构性瑕疵,其种种结果可以归结为一个:正如白哲特所说,被弱化的不仅仅是行政,而同时也是行政权和立法权,也就是中央政府的所有机构。然而,美国人几乎没有在任何场合真正因为这个缺陷而遭过殃,因为所有内政方针的日常性事务均由州政府负责执行,而这些州政府也能负起这一责任。此外,美国人害怕的反倒是中央政府变得更协调、更一致、在行动上更能拧成"一股绳"。天晓得这是为什么!中央政府或许想在其独立性上大做文章,从而可以削弱各州的自治。但美国人宁可容忍中央权力的孱弱,也不愿去冒州主权受到干涉的危险。在他们眼里,州主权才是万福之首。

然而,尽管有我们已提到的这些瑕疵,但如果这部机器确实工作得不错,噪音也不大,那么,我们显然就不能把这看作是其原则上或理论上的优越性得以体现的一个标志,我们一定不要说服自己,认为既然美国人都默认了这种状况,所以在一个单一制国家里把三权分立搞到同样的程度也是有可能的。

我已经予以批判的这种制度安排并没有任何绝对的优越性,即使在地区层面上也是如此。在美国人自己的眼里,他们的价值是相对的、甚至是负面的。他们毛遂自荐的,并不是这些制度安排有什么好,而是它们能防什么恶。

概而言之,三权分立的制度安排,对联邦制而言是最小的邪恶,但对中央集权制而言,则是最大的敌人。

第六节

在这里,让我指出对美国宪法产生重大影响的另外一个因素。在法国,人们在对法国宪法进行研究时,不习惯开篇就先讲一通法国地理——尽管这样做肯定会给这个题目带来启迪。对律师和政治家而言,我将要谈到的这个事实是沉甸甸的,促人三省。那就是,英美这两个在政治自由上并驾齐驱的国家,都是位处欧洲大陆军事强国势力范围之外的——一个是因为其岛国位置,另一个是因为其地处更加安全的大西洋彼岸。所有的美国行政组织都显示出这种安全性。

在任何有代议政府的国家,就算主权者在没有国会授权的情况下有权与外国缔约,但负责外交事务的内阁总是要被议会问责的。在条约的谈判过程中,议会要问的问题非常之多。部长们心里都清楚,只要条约签署并公之于众,他们就得问责;如果国会认为他们对国家利益理解错了、做得不对,他们手中的权力就要被剥夺。不难理解,没有任何东西比这更能促使部长们在处理公共事务时更加小心谨慎,毕竟兹事体大。

美国与欧洲列强远隔千山万水,这种空间距离使得条约谈判中通常需要的种种谨慎都变得无关紧要。它让美国人变得更随性,不那么揪心于他们的政治家是否能小心行事、三思而后行。美国人之所以能放弃随时传唤部长来陈述条约谈判进展这一习惯做法,之所以能让部长们放开手脚并在谈判中不受国会的干涉,原因就在于此。另一方面,这也是为什么美国人对他们的外交部长不得不接受一些非常令人尴尬的条件也不认为有什么不妥的原因。对条约进行最终而且秘密控制的是参议院。部长们不是参议院议员,他们在参议院里既没有信用也没有影响,也没有议行合一制下的部长们在他们的外交工作上可以依赖的那种权威。美国的国务卿较之于英国的外交大臣,在其日常活动上更不受控制,对其自身的草率也更不设防。但与此同时,美国的国务卿又受困于种种特别的不便,无法与外国进行有效的谈判。他需要请求对方政府绝对守约,而自己作为缔约的另一方却不受同样的约束,不但如此,自己这一方还可以在议院里先关起门来对条约议论一番,然后通过投票,将自己一方从条约的约束中解放出来。

格莱斯通①先生在里兰德斯②先生提出的动议辩论——要求所有条约在通过前须提交国会两院审议——中指出了这种安排的种种弊端,同时还表明,这些弊端如果在美国能被容忍,是因为这个国家在地理上的孤立,而如果把同样的安排用在像欧洲那些唇齿相依

---

① 译注:William Ewart Gladstone(1809—1898),英国自由党政治家,1868—1894年期间出任英中首相。

② 译注:Peter Rylands(1820—1887),英国自由党政治家,1868—1887年为英国国会下议院议员。

的国家里,那将是致命的。白哲特说得更透彻,他认为美国这种机制对管理好外交事务是最为不利的,它之所以有存在的可能,是因为美国与欧洲大陆之间远隔重洋。

同样地,几乎所有与好战及危险之民族相邻的国家,都认为出于安全着想,必要时可屈从于某些无法回避的邪恶。在这样的国家,其首领必须被赋予极大的权力,以便他能当机立断,果敢应对。对他的命令的服从必须是机械般的、迅速的,因为只有这样,他才能迅速聚集举国之力驱逐来犯之敌。对一个有着漫长边境线、易受侵略的国家而言,在一定程度上讲,中央集权和常备军队是必不可少的。但这样一来,专制总是很容易出现。当宪法的力量在防止暴政冒头的努力中被消耗殆尽时,这种努力就注定是徒劳无功的,除非这个国家凭着其领袖的智慧和好运能改变这个命运。

在这方面,命运一直都眷顾美国。在他们大陆,美国是唯一的大国。对他们来说,武装力量的分散和集结上的困难,只是一些不便,而不是危险。美国宪法对这些不便只是稍作收束,而不是下决心把它们统统革除。这就是为什么宪法留给各州的行动空间是如此之大,而给予联邦的权力范畴(特别是行政权)是如此之窄的原因。这也是为什么自从联邦诞生之时起,联邦与各州之间的分权没有太大改变的原因。如果加拿大的人口曾急剧地增加,如果西班牙共和国的建立能更稳固、能更有力地联合其美洲各殖民地力量,那么,美国宪法可能就多多少少会走向一个中央集权的体制——一个汉密尔顿在费城制宪大会上建议的体制:一个终身制的总统,对各州采取比现在更有效的限制措施。

同样的原因,可以解释为什么总统由民选产生这种选举办法,在美国可以一直使用下来而没有对宪法构成危险,但在别的国家,当共和政府倒台时,这种选举制度无一能够幸存。在美国大众心里,军功的荣耀是一回事,边境的安全和国土的完整则是另一回事。军功只是一种昂贵的奢侈品,而不是一种命运攸关的必需品。它满足了国人追名逐利的需求,但并不被认为是国家安全之根本。在欧洲大陆,外敌入侵的持续威胁让人神经高度紧张,所以人民都迫切地要把权力交到一个充满活力的王朝或一位英勇善战的将军手里。美国人自然没有这种感觉,而且,在为数不多的士兵中(他们更像是一伙警察而不是一支部队),长官的淫威难以滋长。实际上,美国人对于炫耀武力、追逐军功的喜好,比其他民族有过之而无不及。有人说过(其言千真万确),在美国,没有哪一场战争不产生一位总统。在 24 次总统选举中,军方成功地推出过 10 位候选人,而这些候选人几乎都能当选。假如这样的事发生在像法国这样的国家,结果会是怎样呢?老百姓十多次一致投票支持,还有一支沉湎于最近一次大捷的军队热情拥戴,这种局面很容易就将当选者暴露于人性弱点难以抵挡的诱惑之中,结果是催生一位又一位凯撒大帝。但在美国,这些军人出身的总统在老百姓看来不过就是些诚实的公仆,除了第一位总统以外,没有人曾被戴上过国家之救主这类光环。这些仪表堂堂、精力充沛的人物,在选举秀中都十分招人喜欢,而这也是他们为什么能被推选为候选人的一个原因。盎格鲁·撒克逊人对体育和户外运动的热衷,使得这些场合常常有活泼的雄辩和暴力的示威。但在所有这些噪音后面,既没有深沉的感情,也没有危险的偏见。此外,这些军人出身的总统对时局都了然于胸。一旦战争结束,部队就立即解散,因此也就没有军队来支持他们了。与他们的士兵一样,他们重新回到平民生活,他们只是没有剑的鞘。

我们还必须要说的是,总统由民众投票产生而没有导致什么恶果这一事实,是一个相当独特的美国事实,而且,这是一个其意义和作用都完全取决于美国独特的地理位置的事实。对于那些处境完全不同的国家——

这些国家受环境所迫而不得不保持有大规模的武装力量,它们要么因为无能而灭亡,要么因为出了个军事天才而得救——而言,如要把美国的经验引为先例,在本国引入同样的制度,那将是极为草率的。在一个国家,如果一位西庇阿①式将军随时会诞生,继而他径直前往国会大厦,誓言他就是国家的救主,那么,这个国家政府行政首脑的选任就不应局限于大众的选票,而应当由一个更不受恐惧、希望和感激所左右和影响的团体来决定。

第七节

我必须再次强调,理解一部外国宪法的**精神**或者解释其功能,都需要特别地小心谨慎。在这里特别要提防

---

① 译注:西庇阿(Scipio),古罗马统帅和政治家,因其战功而获"非洲征服者"绰号。

的错误是把美国宪法当成法国式的民主。美国宪法固然是民主的,但它的民主是在一个如此不同寻常的环境里生长起来,包含着如此特殊的因素,并由如此独特的自身力量所驱使,以至于我们几乎难以在其中看到我们希望在民主的名义下可以看到的东西。美国民主的许多特征与法国人观念中的民主——这个观念是法国人在自己的民族经历上形成的——完全是风马牛不相及。别的暂且不说,我们先来比较一下联邦和各州的机构吧。

联邦宪法的条文(这是首先要看的)有一个鲜明的特色:它们的作者要么是些三心二意的政党人士,要么就是些原来反对联邦这种政府形式但后来放弃了其反对立场的人。费城制宪大会呈现在我们面前的是一幅奇特而又似是而非的画面。这边厢是一群自治主义者、州主权狂热分子,但他们违背自己的意愿,实际想要的是一部联邦宪法;那边厢是一帮英国宪法的崇拜者、原则立场不够坚定的民主斗士,但他们也违背自己的意愿,实际是想搞出一部共和宪法。

若从第一印象判断,联邦宪法或许可以说是最不民主的一种民主。然而,我们务必记住,联邦宪法的制定是在国家动荡、独立战争的胜利果实受到暴力威胁这样一个特定时期里完成的。

那时候,民主体制的许多拥护者变成了悲观主义者。或者可以这么说,美国制宪会议的成员们选择尽可能少地采用民主体制。他们接受成立一个人民政府的必要性,因为他们别无选择,他们的民族缺乏建立一个贵族或君主体制所必须具备的历史、社会和经济等诸方面条件。在这种情况下,民主只是权宜之计。民主确实是美国宪法的基石,这是因为除此之外别无其他基础可以用来建起一座宪法大厦。但依我看来,这座大厦所有的顶层结构都带有最为怪异的、曾深深影响过制宪会议的、反民主的痕迹。

联邦权力的直接或间接渊源是通过选举所表达出来的国家意志。我是特意地说"国家意志"而不是说"人民意志"。在美国宪法里，没有任何规定可以确保国会议员选举制度的民主性，而是由各州决定自己的选举办法。大多数州在制定其宪法时都对他们自己的议会选举限制了选民的基础。在不少州，有权选择总统选举人的是州的立法机构，而不是人民。此外，那个时期的美国普选与法国自1848年以来的普选概念完全不能相提并论。在1789年，几乎所有的殖民者都是乡村地主，或者那些只要他们愿意就能变成乡村地主的人。城市或工业人口数量不多。以过着宁静的乡村生活的地主人口为选民基础而搞的普选，将不会有任何煽动的危险。在大多数已限定选民基础的州，还有的是其他理由让它们不用为此而有任何顾虑。

费城大会对民主原则的一个明显让步，就是给予总统和国会两院相对短的任期。制宪会议的那些主要成员不太情愿地默认了这种安排。作为补偿,他们以非凡的坚定性和创造性,规定除固定的大选时期外,人民不得再干预总统的选举。

比如说,假设总统或副总统候选人中,没有任何人得到绝对多数的支持,但这并不意味着需要重新进行选举,而是交由国会决定哪个候选人可以当选。如果总统在任期内去世,人民不会被召集起来为应对这一严重的突发危机出谋划策。因为继任者已经有了,那就是与总统同时选出的副总统。那次选举或许已是两三年前的事了,当时,人们看不到会有再搞一次总统选举的现实需要,因为这种突发事情的发生仅仅是可能而已,因此在挑选副总统时压根儿就不认为他真会有机会登上总统宝座。这种事先任命只有一个目的,那就是在总统选举事务上不必多一次诉诸人民。这是千真万确的!所以,美国宪法虽然也预见到了副总统本人也去世的可能性,但并没有将重选一位副总统的义务交予人民,而是交给了国会,让国会依法指定一位官员(不管他是民选的或不是民选的)来继任国家的最高职位。

副总统是一个公认的难题。他虽是全国普选产生,但几乎没有任何政治影响力,否则他就是捞过界,会引来总统的厌恶。因此,有一百个理由可以让这个寄生贵族闲待着,不要来烦扰大家。但相对于重启选举机器而言,副总统职位设计上的种种弊端已是微不足道的了。用波拿巴①那句名言来讲,副总统就像是"养肥了的猪",得找点事给他做,而他的政治残疾就是通过让他担任参议院议长的职位来掩盖的。但即便在这个职位上,除了可以投决定性一票外,什么权力也不给他。

与此形成鲜明对照的,是几年以后在法国由吉伦特

---

① 译注:作者此处没有作注,指的是哪位波拿巴,是不是拿破仑·波拿巴,无法核查。

派和雅各宾派①搞出的那些宪法。在他们的统治时期,名目繁多的选举以及几乎是家常便饭的全民公决,成为民主的主要特征。很显然,美国独立的缔造者与法国1789年立法大会或1793年国民公会那帮人都不一样。他们自己可能没意识到,但他们看上去更像是共和党人,是充满了反革命精神的革命者,或者说得更直白一些,是反民主的民主分子。

尽管如此,美国那三大由选举产生的权力机构的任期各不相同,但又都是固定的:众议院2年,总统4年,

---

① 译注:吉伦特派是法国大革命时期立法大会和国民公会中的一个政治派别,主要代表当时信奉自由主义的法国工商业资产阶级,先是主张君主立宪,但1791年国王路易十六出逃后,脱离君主立宪派,主张推翻君主制,建立共和体制。雅各宾派是法国大革命时期一个激进的资产阶级政治团体,由于常在雅各宾修道院聚会,故得名"雅各宾俱乐部"。1791年吉伦特派与君主立宪派分裂后,雅各宾派成为法国大革命的主流派别。

参议院6年(但其三分之一议员需要每两年重选一次)。正如上面提到过的,这些任期在任何情况下都不能缩短。这三大权力之所在,常常是利益纷争层出不穷、感情冲动此起彼伏的地方,因此它们之间不频繁出现冲突是不可能的。如果其中任何一个固执己见,坚持反对其他两方,那么,根本就没有法律办法可以用来解决这样的困局。它们的权力只有时间才能予以终结。但尽管如此,这个国家的确生存着,知道自己想要什么,并会通过媒体和集会这种超宪法的方法,把它的愿望布告天下。但这一切努力都可能会徒劳无功,因为假若有一个权力执迷将国家利益置于不顾,也无法把它赶下台。所以,人民只有学会耐心,他们必须等上2年、3年甚至4年,才能看到那个权力期满结束。这个权力是他们选出来的,却反过来捆住了自己的手脚;在这个权力面前,人民的主权变得彻底的无能为力。

这难道不是一个异常包容的民主?

美国宪法还有一个更为突出的特征,那就是总统、参议院和众议院之间的分权。一个权力机构对大众选举依赖得越少,宪法赋予它的权力就越大。众议院是直选产生的,而各州用以选举众议院议员的选举制度也最为大众化。但正如我们已看到的,众议院的影响力却是最小的,部长的任命和条约的缔结都不在其权力范畴之内。在税收方面,参议院与众议院的权力不相上下。总统由间接选举产生,但总统的权力要比众议院大得多。然而,总统是由临时委任的那些人在第二次选举中挑选的,他们执行的是初选选民的指令。这样,总统选举实质上回归到了直接选举。与之相反,参议院由州立法机构选出的人组成,而州立法机构的任期固定,职责多元,它们在选举联邦参议员时并不受任何约束,所以这项选举在实质上和形式上都是间接选举。民主选举中最不民主的模式,莫过于此。于是乎,政治权力的平衡显然地向参议院一边倾斜:所有其他权力的权威都被刮去了一层,给了参议院。

所以我们必须看到,美国宪法里权力的次第渐变与民主原则的严格逻辑所要求的增减顺序,正好是颠倒过来的。

我已谈到了总统、众议院和参议院,但还没有谈到联邦的司法系统。最高法院的组成是由行政权(而不是由人民)提名的。此外,最高法院法官的委任是终身制,不得免职。这种安排产生的出人意料的后果是,司法权对其管辖范围内的无数问题拥有最后的话语权。拥有主权的人民每隔一段时间可以更换总统和国会,但对最高法院则几乎总是鞭长莫及。在长达二十甚至三十年的时间里,最高法院翻云覆雨的权力有增无减。它可以滥用权力而不受惩罚,它可以使其他部门制定的法律或者公众普遍接受的政策失效或将其否决。它可以(就像我刚刚提到过的)通过司法上的不执行,使得一项外交条约失去效力,或者对属于州的外交事务指手画脚,并在不给人以任何抗辩机会的情况下,将本属于州的外交事务联邦化(这是因为最高法院自行决定其与州法院之间管辖权范围的划分)。布莱克斯通有一句法律名言:在每一个国家都有一个控制一切而自身不受控制的权力,其意旨至高无上。在美国,这一至高无上权力的表现形式,就是那个由9位不得免职的法官所构成的一小撮寡头政治。在一个号称最为民主的民主社会里,非经选举产生的权力却是至高无上的——我不知道哪里还有比这更为鲜明的政治悖论。这是一个只有在一代老去后才能传与下一代的权力,无论期间的局势是何等动荡或变化多端。这个权力一旦变得僵化保守,就可以凭着某个过时的判例,将过去的偏见延续至今,这实际上就等于在政治事务上否定了民族已蜕变了的精神。①

---

① 与此不同的观点,请参阅 Bryce, *American Commonwealth*, I., cap. 24, pp. 348—368 (ist ed.)。(D)

众所周知,最高法院的第四任掌门人马歇尔首席大法官,在职长达 45 年!

第八节

对我上面所论述的贯穿美国宪法始终并强烈体现其特征的这种精神,大家可不要有任何误解。依我看来,美国宪法的精神并非来自于我们已追述过的制宪者中存在的反民主偏见:它的主要渊源在于别处。费城制宪大会成员中的保守派,对于有人在制宪过程中提出人民政府这个问题,肯定都会有所警觉。他们最终把民主原则引入宪法,很有可能是违反他们的初衷的。但对于他们所投身其中的这项工作而言,坚持或者拒绝这一原则,并不是一个十分重要的问题。在他们眼里,这不是一个根本性原则,也不是一个主导思想。建立一个有着明智约束的强势民主——这样的民主由于有了机巧的防范措施而变得无害——只是其整体计划的次层面及短暂的特征,这个计划的主线则是由另外的考量所决定的。

制宪大会的成员们心里有着一个双重并自相矛盾的目标:他们希望缔造一个共同的民族,这样在外国看来,合众国就是一个坚固而团结的民族,在政府的庇护下过着好日子;同时,他们希望各州的独立几乎可以原封不动地保留——那些州是被叫来加入联邦的,并从其主权中拿出一些权力给予中央政府。

制宪大会的绝大多数成员从来都把联邦视为一个属于各州的国家,而不是一个属于每个个人的国家。公民个人可以说是被遗忘了的。作为民主之基础的人权和公民权利,在制宪大会的解决方案里没有被列为要计算的因素。他们要寻找的未知量只有两个:给各州的权力份额是多少,给联邦的权力份额是多少。如果有关人权和公民权利的问题终究还是被提了出来,那是因为出于这样一个绝对的必要,即中央权力不能徒有其名,而应当在所管理的事务上可以得到公民的直接服从,但同时又不干涉各州对其居民所保留的一般性主权权力。美国宪法之所以对一些个人权利作出界定,背后的原因就在此,否则,人权与公民权利的问题就根本不会被作为议案提出来,而只会拐弯抹角地有所涉及而已。我在上面已阐述指出,保护个人自由的各个修正案作为一种保障,是给予作为其公民代言人的各个州的,而不是给予公民他们自己。我们一定不能忽视制宪大会成员受之指引的这种思想的倾向性及影响力,这一点非常重要,否则我们对他们在如此特殊、独特的影响下搞出来的宪法,会得到一个不准确、不完整的概念。

比如,所有与参议院的结构、组成及其属性相关的东西,都违背了那些急于要保留州权的政治家——而不是那些怯懦的保守派人士——的意图。较小的州是参议院组织结构的原创者。他们看得非常清楚,大众选举说到底就是人数多寡的问题,最终还是会变成大州的优势。在一个由选举产生——无论是普选或是有限选举——的议会里,如果代表人数是按人口比例来定,那么,那些地广人多的州肯定就会在联邦里得到至少与他们所让渡出的主权相若的信用和影响力。人口较少的州就没有希望能得到这样的补偿。因此,他们表现出非凡的不屈不挠的精神,要求立法规定至少在国会两院中的一院保持大小州之间在代表上的平等。每个州,不管其地域大小、人口多寡,都在参议院里有两个代表。这一条规定被认为是如此重要,以至于不但被写入了宪法,而且被置于宪法的权威之上,有着十分独特的地位:不能以通常的修宪办法来对它进行修改,而对该条款之规定的任何质疑可能会导致联邦的解体。

顺理成章地,那些较小的州使出浑身解数,去扩展他们在其中有所代表——其代表性与其面积和人口相当不成比例——的这个机构的权力。他们的努力是成功的,因为他们是在为生存而战,保存自己的本能使他们拼尽全力,而与此同时,那些较大的州所为之战斗的,则仅仅是为了占得更大一些的优势和影响力。因此,美国参议院后来所获取的权力和权利,其份额之大、名目之多,在理论上与一个由间接选举产生的政治机构所应有的保守精神和"优种良耕"之态度是不相吻合的。至关重要的是,这些权力是用来保障中小州的利益的,因为在行使这些权力的议会里,这些中小州的意见与那些大州的意见有着同样的分量。参议院的这种不相称的权力分配,与其说是一个防范民主平等所带来之不良后果的堡垒,倒不如说是一种保障,用以确保在组成联邦的各个独立主权体之间保持一种准国际平等。

我必须再进一步说明的是,在当时是如此强有力的州主权原则,必定是与反民主势力在往同一个方向使劲儿。那些每个人都有选举权的选区,比之于那些以地主和纳税人为选民的选区,更没有机会抵挡得住中央化的洪流。在前者,选举权扩展到了下里巴人,包括居无定所、哪里能多挣点儿就在哪里安家的穷人,以及不远千里而来、对联邦政府一无所知、从来没有享受过命运把他们带到这里来的这个国家的福利的移民;在后者,作为选民的地主和纳税人,对于他们生活所在之州——那里有他们的财产和投资——有着很深的归属感。正是这些原因,才使得美国在相当长的时间内延续着限制选民范围这种做法,而这种做法继续下去,最终诱发了我下面将很快要回过头来谈的问题。

类似的情况也发生在参议员的选举上。我们发现,在参议员选举上,虽然由州立法机构选出或由临时挑选的选举人选出都是间接选举,但前一种方式更获青睐,被认为更优于直接选举。其原因是,对于州权的信赖在州立法机构里已成为一种联合的、有组织的和有意识的力量。所以,这种对于州权的信赖虽然也对每个州的主要选举团体产生某种不确定和微弱的影响,但这种信赖所形成的力量肯定会对由州立法机构选举产生的两位参议员产生强大的影响力。

第九节

那么,在美国的民主中,哪里能找到民主的精神呢?与各州宪法比较而言,联邦宪法的民主精神更不明显。各州的宪法在日益地、更加突出地展示民主的力量。对美国民主的研究,必须到各州的宪法里进行,因为这些州宪法是整个美国政治体制的一个组成部分,甚至在某种意义上讲,它们才是这个体制的基石。同样地,各州的宪法所体现的民主也有着自己独有的特征。

首先,这些特征源于先天条件的不同。在欧洲各地,民主必须先铲除或者摧毁贵族统治才能为自己争得一席之地。而在美国,那一席之地原本就是空着的,无须斗争便可占领。美国从来都不存在形成世袭和特权阶级的那些因素。政治贵族只能从军功卓越者、大地主阶层或者是经商致富的中产阶级中产生。在一个被其他好战民族所包围、随时都有可能被侵占或征服的国家,军事望族一定会出现并坐大。但在一个除了少数可以轻而易举地将其驱逐出境的原始部落以外就没有其他对手的国家,军事望族根本不可能出现。有领主权的大地主阶级可以在一个有限的区域内成长起来,因为在那里,新来者不是这块土地的征服者,他们为了能分享那块土地及其果实,就必须接受那些先来者的条件。在美国,先来的上等人能拿出什么诱饵来引诱后来的移民,让他们接受二等居民的地位?上等人能有什么办法使新移民一直都是他们的附庸?这些新移民只需再多走出去几英里,就可以来到一个有着大量无主土地的地方,从而逃脱出那些先来者的控制,他们自己也成为土地的所有人。一个工商中产阶级的上层是无法维持其世袭和特权地位的,除非是在这样的一个国家:在那里,由于几乎所有的可用资源都已被用尽或已被分割占有,财富的积累变得十分缓慢;在那里,由于家族的传承维系,旧家族的权威只需通过家庭财产的细心管理和有序的世代转移就得以维持。美国的情况与此恰恰相反。在那里,大量尚未动用的财富在等着犒赏每个付出努力的人。在特定的年代里,获取财产比守住财产能造就更多的富人,因此投机便轻而易举地跑赢并且远远甩开了节俭。当数不尽的新生事物源源不断地涌现时,置身其中的财阀阶层又如何能维系其独特而稳固的阶级地位?

由于缺少形成贵族社会的自然因素,所以就没有任何通常的理由要通过立法来创建一个贵族社会。如果一个人数极多而又渴望着谋生和享受生活的大众被困在一个狭小拥挤的空间里,他们就必定会不顾一切地冲出去,争取分到财富的一杯羹。这个时候就需要采取某种措施才能管住他们。过去,立法者曾通过维持政治上的不平等来解除革命分子的武装,使他们分崩离析。美国的立法者无意采用这个手段。在美国,穷人轻易就能进入到广袤无际的无主土地去拓荒发展,而不必在已被别人占领的土地上,为分得一杯羹而与人相争。由于有此便利,这里的秩序和安宁似乎总是有足够保障的。

因此,民主是美国政治社会最初始的形式,是自然而必须的。从最早的时候开始,也就是当欧洲移民的据点已变得强大到无须再惧怕印第安人,并已拥有足够的手段以对西部进行殖民化的时候,就已经可以清晰地看出,民主发展的必需条件都已具备,各州都实行一种纯粹的民主也就从大家的共识变成了现实。在那里,民主获得接纳而没有产生冲突,得以确立但没有摧毁任何东西,得以存续而没有掺杂任何反民主的成分。

这与法国的民主是何等鲜明的对照!法国的民主实现了一次社会转型,推翻了几个世纪以来的贵族统治。但法国民主带有"为生存而斗争"的烙印。它的确经历过斗争。在那场艰苦卓绝的斗争中,如果不是出于对民主理念的坚持,如果不是被那些形而上的抽象概念所迷醉,民主肯定早已败下阵来。这确实是一场可怕的斗争,它唤起恐惧,导致流血,留下了对不可饶恕之罪恶的记忆。这场斗争没有一个决定性的结局,因为征服者虽然取得了胜利,但不能消灭他们所痛恨的一切。于是乎,旧体制许多光怪陆离的残留,包括好的和坏的,仍然可以在新的社会体制中找到。

在美国就没有类似的情况发生。在美国,民主不用披上任何更古老的政治外衣,因为民主就是所有一切的源头。它在一个没有过去的世界里平静地诞生。在这里,民主是自然生长的,它从中所萌芽的物质和社会必要条件有限而简陋,而且这些必要条件几乎从一开始就是明摆着的、固定不变的。它的背后没有历史:哲学理论对它来说是一种奢侈,它也从不让自己有此奢求。它一路以来都是极为现实的,奉行极端的实用主义。从这一点看,美国民主之与法国民主的差异,比深受法国革命的英雄主义和理想主义影响的任何一种欧洲君主立宪体制之与法国民主的不同,更为显著。

下面,让我们再进一步深入地揭示美国社会特征之形成的背后主要原因。

我们只要看一眼那片广袤的大地(它比法国的面积大18倍,上面住着至少5000万居民,而且分布不均)就可以明白,美国人的主要而且最为迫切的目的,就是要开垦这些草原、森林以及大片的荒地,并在那里安居乐业,生养繁息。美国社会显著而独特的特征是,它比一个只是为了发现和开垦那片广袤土地并将其兑成现金的大型商业公司民主不了多少。由于法国人未能深刻地认识到这一根本特征,未能时刻牢记这一点,所以在探索美国宪法时,他们每到一个路口就不知该如何往下走,他们很容易误解、迷惑,还经常从一些次要或偶然的原因中得出错误或似是而非的结论。

美国首先是一个商业社会,然后才是一个国家。这个程式是破解许多谜团、化解众多突出矛盾的钥匙。比如,在美国,为什么习惯和法律对破产是如此宽容骄纵?

一些州的宪法明确要求立法机构制定对债务人特别有利的法律。这些宪法条款是什么意思？其用意是最明白不过的,那就是:在美国,创业精神——这个精神被如此地推崇以至于已几乎近于投机——是社会进步不可或缺的动力。美国人担心,如果那些充满活力的人总是要为他们的每个生意错误而受到严厉的惩罚,如果他们在第一次失败后,总是需要长期背负不讲信用的恶名,那么他们就会失去"冲劲儿"。还有,对宅基地——不可强制执行的那点家庭财产——这个奇特的制度,又该如何解释呢？很显然,这是为了给那些运交华盖、事业失败的定居者提供一个安全的栖所,让他可以在那里得以喘息疗伤,并蓄势再发投入新的打拼。

显而易见,最适合这样一个社会的制度就是共和制,因为在这个制度里,所有的国家权力都是由选举产生的。这是一个民主制度,它对已从底层爬起来的阶层和正在往上爬的人都一视同仁,不给前者以任何法律特权。这个政府形式为那些有主见而又拼劲十足的人——他们是那片无边无际的冒险乐园的先行者和不可或缺的开采者——开辟了一个广阔的财富和权力空间。

此外,美利坚合众国当时所处的一个独特境况是,由于本地人口少,劳动力严重不足,只能从海外输入。为解决这一需求,各州不断推出一些十分自由与民主的立法,并以它们宪法开篇所引述的《权利宣言》为标榜,极尽炫耀之能事。比如说,宗教自由这个几乎是普世并被十分看重的权利宣告,在许多殖民地因为其人民的原籍和早期的宗教习俗而对这自由还没有准备好的时候,其含义是什么?我必须承认,宗教自由的宣告所体现的宽容,反映出了18世纪的精神。但除此以外,还有一些别的东西。无论是出于本能或是有意为之,美国人提醒他们自己,宗教上的不宽容,或者通过法律公开偏袒某一宗教派别,都几乎等于关上移民的大门——移民来自世界各个角落,拉拉杂杂地在相同的美国海岸线登陆,他们当中有圣公会的,有路德会的,有天主教徒,有长老会教徒,有唯一教派的,还有基督教教友派的,他们都坚守自己的信仰,坚持自己的崇拜仪式。正是为了这些移民,各州才庄严并高调地重申各种古老的英国自由,并赋予它们宪法的尊荣和权威。在根本上,普通法对权利自由的默默保护,与这些高谈阔论的宣言相比,其效果别无二致。还有什么能比"像在英国一样自由"更好的？但只有来自英国的移民才深知这一点,因为他们有切身的体会。而对那些准备相对不足的族群而言,还需要多一点别的东西,需要给他们作出更为惊人的承诺。

在各州所采取的普选方式以及后来逐渐使用的各种公职的选举制度上,也可以看到同样的影响。一份独特的文件告诉我们,甚至在联邦成立以前,一个有眼光的政治家是以什么样的精神,带着什么样的期待,来考虑把选举权扩大到所有公民的。在 17 世纪末传遍整个

欧洲的训言①里,潘恩是这样写的:

> 移民将被视同为真正的居民。他们将有选举权,不但可以选举他们居住地的行政长官,还可以选举地方议会及州议会的成员。这两个机构与州总督一起,构成州的主权权力。而更为重要的是,他们可以**被选**出来担任任何职位,只要他们居住地的居民认为他们是适合的人选,而不管他们是什么民族或者什么宗教背景。

这就是一个商业计划书用来诱引顾客的调子!在1830—1850年间,各州都修改了法律,引入普选。在一定程度上讲,这些改变来自于做生意一样的计算。潘恩

---

① 译注:作者这里是指潘恩(Thomas Paine)所著的《常识》(*Common Sense*)。

在我们上面引述的那些宣言里,正是受到了这种生意计算的启迪。"投票箱面前人人平等"成为吸引移民的真正的保险费。

众所周知,普选首先是在西部人口较少的州开始的。这些州比起其他州更为迫切地感觉到,如果新移民在政治上长期处于比先来定居者劣势的地位,这只会吓跑新移民,因此,必须改变这种前景,否则就难以对移民产生吸引力。一旦有一个州在这方面开了头,其他州就不得不纷纷效仿,因为它们不愿意看到移民纷纷涌向更为好客的州,不愿意看到众议院的力量平衡发生对它们不利的转变——众议院的代表是根据人口比例来分配的。值得注意的是,对这一潮流最为抗拒的州主要是那些成立最早的州:马萨诸塞州、罗德岛、康涅狄格州、宾夕法尼亚州以及乔治亚州。这些州在1830年以前就已经人口稠密,而且经过多年的积累后,资本丰裕,新移民无须更多的一般诱惑就会被吸引过来。

许多州的立法机构都不想让移民等候太久,不想让他们经受太多不便,它们是如此火急火燎,以至于放弃了移民需归化美国的要求,因为这一要求太过于误事。它们已将新移民纳入州的选民之中,而此时的联邦法律还将在很长的一段时间内将移民挡在美国公民的大门之外。刚刚下船上岸的移民马上就被登记为选民,并在他们还在寻思着去哪里能找到一份工作的时候,就直接被拉到了投票站。这样,这些即时摇身一变而来的选民,这些异乡来客,不但得以投票选举州立法机构的一个地区代表,而且得以投票选举联邦国会的一州代表。我想,没有比这个更有说服力的证据可以证明选举权范围的扩大除了在公民中建立起民主公平之外,还有着另外一个目的。

统计数字有力地证实了这一观点。从 1830 年到 1840 年,我们开始听到普选这个事,而到了 1840 年至 1850 年间,普选已在所有的州得以彻底确立。看看吧,移民总数在1839年是68000人,在接下来的8年时间里,这个数量基本维持不变,但之后就逐年增加,到了1845年是114000人,1846年154000人,1847年235000人,1848年266000人,1849年超过300000人,最后到了1854年,是428000人。移民人数的这个递增幅度,显示出各州吸引移民的各项安排诱惑力十足,大获成功。

第十节

还有一个情况切不可忘记,那就是联邦政治生活中的诸多大事对各州政治生活的影响或者说是"反作用"。这种情况在不断地出现。

我们观察到,从一开始,甚至在准备起草联邦宪法的讨论中,一切困难归根到底就在于如何在州和联邦之间进行权力划分。

费城制宪大会对这个至关重要的、核心的,或者说是极为独特的问题,曾有过激烈的争辩,但这些辩论只不过是后来各种非凡斗争的前奏。这些斗争还是由同一个问题所引起，甚至在宪法制成之后也是如此。直到当代的整个美国历史，都充满了这些斗争。在联邦成立后，两大政党崛起。它们多次改过名称，但从来没有改变过其本质；它们成为——形象地说——服役于两大敌对政治阵营的政治队伍。每一个美国人都应征入伍，要么成为一个"共和党人"，要么成为一个"民主党人"，没有人愿意或者可以保持中立。正是这两个政党，控制着总统选举以及国会议员的选举。他们以极度的渴望冲入战阵，竭尽所能聚拢各种利益，还为此而把所有的联邦政府职位用来作为酬劳：胜出的党把这些职位分发给它的党员作为报酬。但这些政客是难以满足的。用来给党员付酬的联邦政府职位这个基金池，很快就捉襟见肘，入不敷出。因此，除了联邦政府职位外，政党还把手伸向各州的政府职位。为了位尽其用，这些职位都被改为由选举产生，而且任期也被尽可能地缩短。通过这种办法,官员的任命就变得如同政党经理手上的现金一样,随时可以变动,而每个政党选举预算的资金流也因此可以随时调整。共和党和民主党都一样,在党的参选入场券上写着各个公职(无论是联邦的或是州政府的)候选人的名字。整个名单由党按其主导精神确定。相对冷静和更为健康的地区利益只能彻底给联邦利益让路。这种使选举得以普及并缩短公职任期的政党行为,催生了一种强烈的民主精神——这种民主精神如果完全是在地区的影响之下,不太可能会发展得如此之迅速。从这一例子我们就可以看出,联邦以一种独特而出人意料的办法,对各州的政治产生影响。两大政党都认识到,必须保持他们的战争物资供应,保证有足够资金给他们的选举部队发饷。因此,他们都不得不将州政府职位的招聘联邦化和民主化,甚至那个声称要保护各州主权的政党也是如此。

但无论如何,美国的这种情况与法国 1848 年的情况是完全不同的。法国从根本上讲是一个民主社会,而且是一个带有宗教信仰者所有的狂热和学院派逻辑家所有的精确的民主社会。她从民主平等之原则出发,一步一步地演算出各种结果。法国1789年以来的历史告诉人们,她一直都沉湎于这种抽象的构思、这种举轻若重的演示,以及这种对纯粹正义的固执追求之中。这种精神不但在革命时期的《权利宣言》中随处可见,而且在促使1848年普选得以诞生的行动过程中——行动既发自情感也发自理智——也清晰地显示出来。政治家们在确立普选制度时,一蹴而就,根本没有考虑如此一个重大而突然的改变会带来什么后果。他们公然蔑视中产阶级及其小资政策,他们觉得有必要从大众情感这个更为鲜活的源泉里找到灵感。对这个时期充满人们心灵的那种兄弟般的、虔诚至笃的基督精神(我是指这个表述的原始意义),我简直难以用笔墨来形容。最后,普选的确立是通过一个无懈可击的逻辑程序,从两个原则中推算出来的:一个是人民主权,一个是权利平等。逻辑发出了指令,指令得到服从。与这种类型的民主相去最远的,莫过于美国的民主了。在这个原则经验主义的王国里,原则不管喊得多么响亮,也不管它们看上去是如何的自主或独立,在很大程度上总是顺从于积极而清晰的利益。美国的普选不是简单地设计来满足一种思辨的精神或者对自然正义的追求。美国普选的主要目的是满足农业、工业和商业的需求,满足一个与法国相去甚远的社会结构的需求。我们必须牢记美国独特的经济环境及联邦特性,否则就会对美国这个彻头彻尾的民主的性质及命运产生错误认识,同时也会在美国民主有哪些经验和教训可供法国借鉴这一点上贻笑大方。

第三篇

主权概念之于法国、英国和美国①

第一节

英美两国宪法分别是我们前面两部分讨论的主题。如果不是为了找出英美政治体制之不同,那么把这两国

---

① 这个标题是对第三篇内容的概述,而不是对布特米先生原本加所标题的翻译。他原来的标题是"La Nature de l'Acte Constituant en France, en Englaterre et aux Etats-Unis"(意为"组建行为之于法国、英国和美国的实质)。l'Acte Constituant 一词在英语里没有准确的对应词,其含义可以理解为"一国之主权权力制定宪法的行为"。我们需要找出一个适当的英语术语表达这个意思,这个困难本身,就突出说明了作者对法英两国宪政所作的比较的合理性和重要性。(D)

宪法拿来进行比较似乎并不适合。它们确实相去甚远：英国宪法大部分是不成文的，而美国宪法则建立在一份书面文件之上；英国宪法是君主制的，美国宪法则是共和制的；英国是单一制帝国，美国则是一个联邦制国家；在行政与议会的关系上，英国奉行的是行政向议会负责制，美国实行的则是行政与立法分立原则；最后，归根到底，前者的构建完全是贵族式的，而后者在核心上则是民主的。因此，读者或许会觉得我不应该用比较的方法把这两种显然对立的宪法扯到一块儿。读者可能更为不解的是，法国宪法在细节甚至整体框架上与英美两国宪法都有相似之处，而且相似程度甚至高于英美两国宪法之间的相似值，但在他们看来，我却把法国宪法当成了英美两国宪法的反命题和对立面。然而，这三国宪法之间的不同及其相似之处，都不应过于强调，而且，随着民主在这三个国家的发展趋向同一，这些差异正在渐渐地化解、消失。我之所以还要拿它们来做些比较，是为了通过比较推演出以下这项原则:为了确立一部宪法的类型,对其进行定义,并根据其起源和特点进行归类,除了要看宪法里那些强制性条款、那些保持权力之间平衡的具体规定外,还有其他同样重要、同样显著、同样特别的要素需要考虑。我指的是那些先于宪法已存在的各种力量,它们是宪法诞生的渊源,正是它们才把宪法的各种要素整合起来。换言之,任何国家宪法法律的重要特征,除了可以从主权权力机构之间的相互关系进行考察外,至少还可以从主权权力的历史、起源以及性质中归纳出来。我在本书中已多次提到这一点。但这个立论是如此之重要,我毫不迟疑地要将其作为结论,并要向读者解析得更清晰、更完整、更连贯些。

第二节

在法国大革命①爆发前夕,法国那些行使公权力的旧机构(除了拥有至高权力的王权),比如贵族、牧师阶层、议会、地方政治集团、官吏、市镇和教区的裁判法官,都纷纷遭到它们自己所属的那个旧政权的摧残,它们或被贬抑、或被解散、或被剥夺权力。它们就像依赖树干供养的树枝,当树液已停止供应,这些半死的树枝就再没有留着的意义了。但与其说是大革命砍掉了这些残

---

① 译注:法国大革命(1789—1799)是法国社会激进与政治动荡时期,革命推翻了封建专制,建立起共和体制,宣扬以"自由、民主、博爱"为口号的自由民主思想。大革命在作为近代一场伟大革命而受到赞美的同时,也因为其间出现的暴力专政而为人诟病。同期的中国,是"康乾盛世"的最后十年,之后大清由盛转衰的拐点出现。

枝,不如说是大革命的震撼推翻了那些旧机构。王权就如同那颗大树一样,它的树枝本已在浓密的叶冠遮盖下日见萎缩,如今则连树枝也没了,只剩下光秃秃的树干,虽然还孤零零地在风中挣扎,但已自知行将就斧。果然很快,王权也倒下了。于是,在这块因一再翻锄和过度开垦而几乎枯竭的土地上,一切又得重新栽植,重新播种。人民作为一个整体,是唯一幸存的社会组织。人民只好从一无所有中创造出新的权力,去创建一个全新的政治社会。这些事实众所周知,无须赘述。我只需提及这一点:在法国,每一项权力、每一个政权机构都源自那些革命宪法,它们从宪法中来,因宪法而得名。这些机构属下官员手中的权力,原本也是写在宪法上的,但后来改在依照宪法授权所制定的法律里作出规定。但无论是前一层次还是后一层次的权力,其主要渊源都在宪法里。没有一项权力、一个机构的起始日期会早于宪法制定之日。唯一的例外是1814年的王权,或者还可以算上1830年的王权。① 路易十八自夸是凭自古已有的权力而统治;在路易·菲利普自己看来,他并不是选举产生的国王,并不是因为议会与波旁家族年轻一代之间的一份契约才得以登基。但在某种意义上讲,这两个例外也证实了上述定律,因为这两个王权都与它们所属的制度貌合神离,并最终成为加速那个制度分崩离析的"元凶"。在这两个例外中,王权作为与其他权力有着不同来源的元素,最后也都被暴力清除。

结果是显而易见的。历史终于来到这一天:法国成

---

① 译注:Louis VIII,路易十八,法国国王,是那个在法国大革命中被送上断头台的国王路易十六的弟弟。1795年路易十七去世后,路易十八继承王位,在位期间直至1824年。Louis Philippe,路易·菲利普一世,法国国王,1830—1848年在位。1830年法国七月革命发生后,他被立法大会选举为摄政王,两天后查理国王退位,路易·菲利普即加冕为国王。他曾参与激进派的雅各宾俱乐部。二月革命后逊位,隐居英国。

为一个由无数小小的人类粒子构成的单一同类体。从这个单一体里分割出来的新组群,开始时只不过是政府为了方便而拉杂成伙的团体,而不是由长期共同生活而慢慢形成的有机整体。除了那个短命的公社①,这些团体都延续了差不多一个世纪,但它们都受到严格的规管和束缚。因此,甚至直到如今,它们都不具有个体生命或人格意识。地方机构只有在长期存续中慢慢养成这种个体生命或人格意识,而且其间它们更多的是遭到统治者的压迫、冷落,而不是得到统治者的偏袒或呵护。就像我刚刚说过的,它们不具有个体生命。它们身上流动的是国家生命,是国家精神的意识在看护并指使着它们的官员。这既可从法律上看得出来,也有这样一个事

---

① 译注:指巴黎公社,是1871年3月18日至5月28日短暂地统治过巴黎的政府。马克思认为巴黎公社是对他的共产主义理论的一个有力证明,但也有人认为它是无政府主义。

实为证:直至1838年,政府机构里的各种"部门",都不以法人的形式存在,甚至到了今天,这样的法人在县区层面上也不被接纳。国家的最高权力机构与地方的权力机构一样,都没有半点独立存在的意识,因此也就从来没有成为真正的个体。它们诞生于过去,但迄今仍与当初创建它们的宪法维持紧密而明显的关系,并继续受之约束。它们没有时间去为自己的思想和感受寻找一个只属于自己的空间,从而也就没能通过约定俗成的习惯而在法律明文规定之外为自己找到一个稳固的据点。就一个集体而言,生存和自立的最强意识是在漫长岁月中练就的。但这种意识无法进入法国那些机构的内心,从而也就无法滋养出那种要在法律之外寻求个体权利的本能。自从1789年以来,我们可以说,法国曾有过作为国王的个人,但从来没有形成过王权。我在这里说的"王权",是指一个在任何时候都是由一个人所代表的永久性机构,而且这个人从中获得一些超出其自身价值、责任和个人信用之外的东西。法国也曾有过由个人代表以贵族、参议员和人民代表等名义所组成的议会机构,他们依据宪法规定的条件而汇聚一堂,并都能把他们在议事大厅以外的东西带入到议事大厅里。但法国从未有过贵族院、参议院或人民代表院——如果这些"院"指的是有着自己的性格和精神,有着某种在其成员间可以代代相传的东西的永久性机构。这些最高权力机构都是不久前成立的,由制定法所创建,因此它们总是要回到创建它们的法律中,甚至回到制定这些法律的人民当中去寻求支持。国家的意志——也就是人民的意志——是它们的灵魂。但国家意志往往只是这个国家在某一天的意志:它有时强健有力,有时则紧张急惰;它今天活力四射,行动坚决,明天却悲观失望,无精打采。这就是为什么这些最高权力机构有时看起来像是天生有着无可阻挡的能量,承载着全体人民的信念和激情,而有时(特别是从公众的冷漠上可以看到)它们又显得完全迷失于其成员个人的弱点和自私自利之中,无能为力。法国的公共组织需要高尚的机构精神,需要全面而令人敬仰的自立,正如英国那些伟大机构所展现出来的自立一样。这些伟大的机构因为某个特定的目标而存在,而由于它们的存在,社会的道德生活得以持续保持较高水平。而法国的公共组织的国家性是如此之彻底,以至于它们总是跟随着公共精神的钟摆而摇动,并常常走向极端。

第三节

在英国,宪法(包括成文的和不成文的规范)作为调整公权力之行使的根本大法,从来都是不以人民行使主权制定强制性法律这种形式形成的。如果人民这样行使主权,就是要从一无所有中创建出一些机构,并赋予它们固定的权力。相反,英国的宪法是由一系列双方或三方的行为共同构建而成的。这些行为不但数量众多,而且内容繁杂。它们是通过争辩而达成的默契,是现有各派力量之间形成的庄严协议,为各方所承认和遵守。在某种意义上讲,这些默契和协议都是自我生成的,因为它们都是顺应时势之产物,而且当它们声称拥有某项权利时,理由仅仅是因为该权利自古就为它们所拥有。让我们追溯英国的历史,回到14世纪的时候。我们看到鼎峙的三大势力:王室、贵族和平民。长期以来,他们要么进行友好的谈判,要么就付诸暴力、大打出手。年复一年,他们都不得不重新调整他们之间不断变化的位置、脆弱不稳的关系以及不明确和不稳定的权力平衡。通常被引来作为现代英国宪法之渊源的两份文件——1689年《权利宣言》和1701年《王位继承法》——只不过是比其他协议稍为更具分量的两份协议而已。它们根本没有创造出权力,因为权力在它们之前已经存在。它们甚至也没有强调自己的属性,因为这些已经被习惯所固定。这两份名闻天下的文件,其目的只是为了确认现有权力之间出现争议的地方,并按照习惯来明确界线应该划在哪里。王室的权力并不来自于这两个文件,但王朝则是因为有了这两个文件才得以正名。王室特权仍然是亨利十三、伊丽莎白一路传承下来的那些特权。在普通法的一般性约束(其中有部分是经过改变了王位继承顺序的国会立法所确认的)之下,新的王朝要做的就是接受现状。

概言之,英国的主要政治权力都不是由宪法所创立,因为它们在宪法这个根本法出现之前就已经存在。它们的名分并不来自于一个在特定日子、以特别方式、并用直接的语言所宣示的全民意志。相反,它们的权利来自于实际的拥有,而且这种拥有历经几个世纪也没有受到挑战。它们的基础建立在以国家主权名义制定的法律之外,因此是在宪法(法国人概念上的宪法)之外的。而且,如果这些超宪法的权力看似宪法的一部分,那不是因为宪法创造它们并将之奉为神圣,而是因为宪法是由它们构建起来的。宪法只不过是把各派既有势力反复争斗后就权力边界达成的和解方案公之于众。这些势力同时并存,它们不断扩张,但有时也会收回其权力主张;它们之间冲突不断,彼此镇压;它们可能会妥协,但永远不会消停。①

我刚才所谈到的还只是那些上层权力。至于那些附属机构,无论是地方的或专门的,其情形也同样特别。与法国一样,英国这些附属机构的权利,通常也可以追溯到特定日子法律授予的特定权限。但这个原始权利

---

① "这三个鼎足而立的权力,每个都主张自己的权利,但又根本不知道这个权利的范围。因此,每一个权力的成功完全是依赖于天时、地利,以及王座上的国王。英国拥有其现行宪法,完全是巧合。"参见 D'Argenson, Considerations sur le Gouvernement, p. 38.

是如此之不完整,授权又是如此之古老,以至于相对于这些权利已形成的实际声望而言,原始权利与原始授权都已显得无足轻重。由于权利的拥有历史久远,再加上习惯法这一传统,权利经过长期反复使用后,原来的法律基础便获得了额外的正当性,权利的声望便是由此形成。英格兰很早就已实现国家的统一。在国家实现统一的初期,人们对统一的情感十分强烈,所以国家并不介意这些附属机构的继续存在,甚至还认为任由它们自主发展并承认它们是国家那并不太完整的组织机构的一种补充和完善,反倒是有好处的。正是这种独立存在的潜意识,这种在积极法赋予之权利以外还拥有某种独立权利的潜意识,久而久之发展出数量众多、大大小小的地方和专门机构,比如大学、宗教团体、自治市镇、教区委员会以及特许机构。这些机构都是单独创建的,它们相互之间保持着或多或少的独立性,谁也不愿意在一个协作整体里接受低人一等的地位,谁也不会觉得自己要完全依赖公共福利才得以生存。它们的历史久远,其中有些机构的起源甚至可溯及到政治团体开始形成的时期;它们早已将原先被授予的社会功能抛诸脑后,干脆把自己当成国家的合作伙伴,而不是国家的代理人。因此,即使对一个英国律师而言,他如果不进行严肃的思考,不进行更多一点的哲学分析和归纳,他就不可能发现这些机构本来真的只是国家的仆人,它们的诉求本来是应该服从于公共福祉之考量的。

读者现在应该可以看出,所有这一切与法国的情形确实有着天壤之别。在法国,国家是一个单一性群体,但在英国,国家则是一个混成的集合体;在法国,是宪法创建了全部的国家最高权力,但在英国,则是国家最高权力通过展现其生命和力量的行动,在日复一日地创建和继续完善宪法;在法国,所有机构(无论是处于隶属地位的或是特别成立的)都是人造的,它们组成一个等级分明的组织架构,上一级对下一级的管治权都来源于法律。但在英国,所有隶属或特别机构,以及对这些机构的管治权力,都可以追溯到遥远的过去,而每一项权力,都因为长期的实际拥有而获得毋庸置疑的权威。

第四节

我在前文已指出,不应当将美国的联邦组织机构与各州的内部组织机构分割开来,而是应该把它们放在一起,只有这样,才能看到这两种组织机构的完整和准确含义。当然,在开始的时候完全可以将它们区分开来,区别对待,以便弄清整个国家机器是如何从二者之中衍生而成的。各个州都是由一些个人在一块处女地上建立起来的,这些人与他们原来的国家断绝了关系,并发现自己仿佛回到了政治社会的原始时期,需要像在法国那样自上而下地重新组织他们的地方和中央权力机构。

我同时也已指出,从这个角度看,美国各州的宪法与法国宪法有着极强的相似性。但联邦宪法(这是我在这里唯一想讨论的)则有着一种混合的特征。联邦宪法有两点与法国宪法相似:第一,它是国家主权的一次公开宣示;第二,所有的联邦权力都是因为这个宣示才得以存在并获得认可。然而,如果我们再认真仔细地看,就会发现这个宣示是对一个假定的全民意志的正式表达,它在一开始就只是形式上的、表面的。确实,"美国人民"这个名称在联邦宪法的诸多条文中出现,但引入这个"人民",不是让他们去给他们的政治家们发号施令,而是去领受这些政治家的智慧。因此,这个"人民"的存在,在很长时间内根本就是虚构的,因此也是必须受到质疑的。① 华盛顿、杰弗逊以及汉密尔顿等人与其说是

---

① 如要印证这一观点,请比较 Bryce, *American Commonwealth*, I, p.16, 1st ed. (D)

一个共同民族的代表,不如说是虚构这个共同民族的狡辩者。实际上,也是更重要的一点是,他们分别是几个主权州的代理人。有不少州已有百年历史,有的已颇具名气,所有州都汇聚着习惯于统一行动的不同团体的利益。同时,州与州之间分庭抗礼,因为它们各自都保持着强烈而又不同的团体精神。我必须强调这一重要的事实:在美国,"美国人民"才是人造的因素,或者说是自上而下创造出来的;在这里,不是国家制定了宪法,而是宪法创建了国家。有效的主权是由几个州行使的,这些州是当时仅有的社会动力。在联邦宪法的每一个条文里,我们都能看到各州想方设法要在一些细节上拿回它们已在整体上让渡予联邦的主权。它们对每一个条款都提出异议,吹毛求疵。在对这些细微之处的辩论中,它们自始至终都得到一股巨大的大众情感力量的支持。1787—1789年宪法使得各个州与它们所创建的联邦肩并肩地站在了一起。各州继续过着自己的日子,它们既相互猜疑，又拉帮结派，形成敌对阵营。这些州通过自我贬抑的谨慎行为共同创造出一个最高权力，但那些相互敌对的阵营则都在利用这个最高权力，有时将其作为一种捍卫自己领地的手段，有时将其视为一块绊脚石。长达一个半世纪以来，美国的政治历史几乎就是一部斗争史，跌宕起伏。斗争就在这些有组织的强大势力之间进行，这些势力在联邦宪法之前便已存在，而且在一定程度上讲，还是独立于联邦宪法之外的。现在，长期的共同生活已经强化了国家统一的感觉。由南方几个州脱离联邦而引起的内战，加强、巩固并提升了联邦的权力。但直至1860年之前，我们可以说，除了在表面上，同时也除了在外国人眼里，联邦宪法根本说不上是在维护美国的主权和统一。那些州在联邦宪法之前已存在了很长时间，它们从心里就不情愿去接受联邦的最高权力。于是，它们常常把它们所创建的联邦权力机构当成可以随手拿起的工具,用来达到自己的目的。

第五节

有了前面几节的论述,我们现在可以对"宪法"这个词在法、英、美这三个国家的准确含义和实质作出定义了。法国宪法是一种指令性法律,由国家颁布,为的是从国内动荡的局势中把政治力量组织起来,建立起层次分明的政治权力架构。英国宪法实质上是少数古老机构(法人)之间缔结的协议,这些机构自古以来就掌握一部分公共权力。美国的联邦宪法在形式上是一种指令性法律,它既建立起政治力量的组织架构,又明确了中央及国家最高权力的界限;在这一点上,它与法国宪法属于同一类型。但是,美国的联邦宪法又是建立在一些独立而拥有主权的政治实体之间所缔结的一项协议之上的,这些政治实体联合起来,共同创建同时又限制着联邦国家的权力。

这三个定义所体现出来的三国宪法之间的异同是多方面的,其中有些异同在本书的讨论过程中已有所提及。我在这里将只对那些关涉到主权概念的异同进行扼要重述。主权的基础,它的实质、界限、组织,以及宣称主权的那些文件的形式和精神,是迄今为止盎格鲁·撒克逊宪法表现出其与众不同的特征的几个方面。在这些方面,我可以说,盎格鲁·撒克逊宪法之间的相似性,远不如它们与法国宪法之间的反差更令人印象深刻。

在法国,自从1789年以来,国家作为一个不可分割的整体是唯一存在着的、并被一种真正强大的生命精神赋予了生命力的法人团体。在这个国家里,除了个人,没有什么是稳固不变的。由于必须要找到国家赖以立存的一个稳固基础,并在那里深挖下去,清除掉旧的政治大厦倾覆后留下的残垣剩瓦,所以,法国的立法者首先并主要考虑的问题,就是决定个人的权利。整部法国政治史所证实的,就是这个问题的优先地位和极度重要性。从这个问题里面,我们已得出一个非常简明、非常准确的主权概念:在法国,由于前面已解释的各种原因,国家不可能是别的什么东西,而只能是一个全体人民的集合体;理论上讲,主权就是全体人民的意志,但实际上,它只是算术意义上的多数人意志。在法国,自从1789年以来,这个多数事实上已成为所有合法权力的唯一和必要的渊源。现有的各种权力都是由这个多数所创立,也全都建立于这个多数所制定的宪法之上。任何权力,如果被认为不代表或不准确地代表这个多数的意志,在某种意义上,就失去其存在的正当性,就会被单独抽离出来,立即予以废除或进行改革,以确保主权意志的一致性。在这个多数的外部,没有任何可以用来撬动这个多数的支点,因此也就没有任何可依靠的东西,可以用来对这个多数进行抵制或者长期对抗。这就是法国所有的政治体制总会自动并迅速地走向权力集中和统一的原因。唯有启蒙和智慧的进步,才是能够制约法国政治体制这种内在本能的力量。事实上,在法国的政治体制内,不可能出现任何内部或自发的行动,以阻挡那股承载着这个体制在其习惯轨道上向前滑行的巨大力量。

在英国,政治舞台的最前面全部被那些古老的法人机构所占据。这些法人机构有全国性的,也有区域性的,它们凭借自身的强大和团结,在国家这个整体内确立了自己的一个据点——这个据点就在个人与国家之间。甚至今天,英国作为一个国家也从未认为自己独立于这些机构之外,或者说与它们毫不相干。主权有时属于王室,有时属于贵族院,还有时则属于平民院。而且,由于主权为这些永久性机构轮流拥有,所以从来没有人将主权归属于作为一个整体的全体人民。直到近代,在英国的宪法法律里,"人民"这个词并不是指组成英国这个国家的全体个人,而是被认为是把三大主权权力——国王、贵族院和平民院——合而为一的同义词。与这些强大及永久的权力相比,那个变动不居的、无足轻重的国民整体渺小得几近于无。在英国宪法的眼里,市民作为个人是没有政治权利的,这些权利属于作为主权者的三大成员,或者属于一些同样古老、同样独立的机构。比如,平民院在表面上当然代表着众多法人团体、县①、镇、自治市镇,后来还包括大学。但根据可信

---

① 严格来讲,一个"县"并不是一个法人团体(corporate body),而是一个"法人"(personne morale),即这个词在此处使用的含义上的"法人"。(D)

的词源学,"平民"这个词的原来含义是指社区、法人团体,而不是指我们能马上想到的一般老百姓。直至今日,这些法人机构一直都是唯一真正拥有选举权利的"人"。① 只有为数不多的个人,在获得授权后代表这些机构进行投票。法律根本就不在意这些个人选民,不在乎他们是谁,更不屑于去界定他们应当是谁。在所有的行政区,直到现在都是由习惯来决定谁可以成为选民。② 市民作为一个拥有某些政治权利的人这个法律

---

① 译注:现在当然不是这样了。19 世纪中期,英国就发生了以男性普选权为主要诉求的宪章运动,提倡所有成年男性,无论种族、阶级、财富都有选举权。1884 年,英国制定《人民代表法》(the Representation of the People Act),赋予大多数男性以选举权。1918 年,《人民代表法》修改,把选举权扩大到年满 30 岁以上的女性。1928 年,英国实现男女选举权平等,年满 21 岁的国民都享有同样的选举权利。1969 年,《人民代表法》再作修改,把选举投票权年龄降为 18 岁。

② 关于这一点,现在已有制定法予以规定。(D)

思想,是在 1832 年才第一次获得部分的承认。在那之前,这个思想与其说是被英国法所误解,倒不如说是并不为英国法所知晓。市民作为拥有政治权利的个人登上政治舞台,开始时几乎不为人们所注意,但绝对算得上是——从现在及未来的效果看——英国划时代的政治大事。选举法以及防止贿赂的相关立法的通过,是为了确保市民能自由并不受干扰地履行其公共义务。这些法律表明,市民作为个人的存在终于获得承认,他已从法人团体的包裹里冒出头来,他已迫使自己去吸引公共关注,成为一个为法律所知道的人。在这些法律通过之前,腐败和恐吓被认为是那些拥有选举权的地方机构的私事,公众意见也站在"议会不受到干涉"这一边。①

---

① 早在《1832 年改革法》(the Reform Act of 1832) 前的很长一段时期内,国会已把腐败行为定为犯罪。(参见 Blackstone's Commentaries, i. pp. 178, 179.)毫无疑问,布特米先生此处是指确实存在(所谓)腐败市镇这种现象。(D)

这是千真万确的事实,所以可以说,那个时候真正的选民不是作为个人的市民,而是那些地方团体或机构。甚至今天,这两种思想之间的对立和竞争,仍在通过选举改革法和议席重新分配的法律之间泾渭分明的区别中反映出来——前者界定选民的资格,后者则小心谨慎地在选举团体之间分配代表名额。在1832年、1867年,乃至1884年,议席的重新分配比选民资格的界定更能激起公众的关注热情,也被认为更具有深远的意义。这表明,英国的公众是多么难以承认和接受政治权利属于作为个人的市民这种思想。格莱德斯先生所提出的两个法案①,都影响到选民基础的扩大和议席的重新分配。这两部法律着眼未来,结束了选举权和议席之间的区别

---

① 见 the Representaion of the People Act, 1884, 48 Vict. C. 3, 以及 the Redistribution of Seats Act, 1885, 58&49 Vict. C. 23. (D)

所引起的关注。或者说,至少是让人不再认为这种区别有着重要的意义。在这两部法律里,个人获得了胜利,而历史上拥有选举权的团体,在根据选民人口比例划定选区后也就解散了。从所有的表象看,英国的选举制度正在迅速地向法国式的选举制度靠拢。

在美国,个人和市民本来就拥有政治权利和义务这种思想,一直为法律所认可。各州的宪法都明白无误地证明了这一点。因此,费城制宪会议之所以没有把选民基础这个问题放在1787年那个宪法草案里面,并不是不想承认这个问题的重要性,而是有着特定的目的。美国宪法头几个修正案所形成的权利宣言的含义和必定产生的影响,我在前文已提及。我在这里只重复两点:第一,这些修正案仅仅是针对联邦的,它们本身并不能约束各个州;第二,这些修正案为个人的权利提供保障和保护手段,但并不为个人行使其政治权利提供手段。至于积极的政治权利,联邦宪法只是确保原来拥有主权并被称为"州"的机构拥有这些权利。也就是说,根据联邦宪法,拥有积极政治权利的只是各个州。作为个人的市民,是不享有任何主权的。关于这一点,我在这里只提供一个证据,而且是一个非常确凿的证据。我想提醒读者诸君,严格来讲,在美国联邦宪法的运行机制下是没有联邦选民的。对于选民基础这样一个带有根本性的问题,中央的权力是不去管的。它给每一个州分配若干由选举产生的代表席位,然后由各个州根据自己的喜好,在仅有的一小点约束下①,决定哪些人有资格来选择本州在众议院的代表以及本州的总统选举人。②

政治权利是公民个人的一种个人属性,这一原则必然产生的结果是,多数公民的意志就是主权。可是,联

---

① 见 Constitution of US, Art. i., s., ii.

② 甚至自从第 15 个修正案以来,各州可随意在美国公民之间制造选举资格上的不平等,而不用管他们的种族和肤色。

邦宪法关于参议院组成的主要条款完全与这一原则背道而驰。所有的州,无论其人口数量有多大差异,都在参议院里有两个议席。在这里,我们看到的是州之间的平等,而不是市民之间的平等。至于总统选举,1787年制宪会议的本意是要留给全国及全国的大多数市民来决定,但各州把这件事抢了回去。现在的常规做法是,在每个州,总统选举人的选举并不是在州内分区进行,而是集体进行,大家都投"通票"。① 这些总统选举人组成一个选举团,然后再由这个选举团来选举产生联邦总统。在任何一州——比如纽约州,候选人只要在成千上万的选民中多获得哪怕仅仅几百张选票,他就算赢得了整个州的选票。于是,在每一次总统选举中,是州的多

---

① 译注:英文是"the general ticket",即选民直接投票选举总统,然后在选举人票制度的基础上进行计票,计票采取"胜者全得"的原则,各州选举人票之和即为候选人最终获得的总选举人票,超过半数者(即270张)即当选美国总统。

数而不是选民的多数决定谁在选举中获胜。这个事实是如此的显而易见,以至于在有两位以上总统候选人的情况下,最后当选的总统可能并不拥有绝大多数的人民选票,甚至都不接近这个绝大多数。有些总统很显然只得到相对少数的人民选票,但相对于他们唯一的、并被他们所击败的竞争对手而言,他们确实还是当选了。①我们在这里会发现,我们所面对的是一个独特的主权和政治权利的概念。在联邦宪法的范畴内,没有属于市民个人的积极政治权利,只有在各个法人团体(即州)之间划分的代表权利。② 这与英国的情况如出一辙,但背

---

① 译注:2000年美国大选,民主党候选人戈尔虽然比共和党候选人乔治.布什获得更多的普选票(即作者这里讲的"人民选票"),但还是被终审法院裁定未获得过半"选举人"票而落败。这个现代案例也印证了作者一个多世纪前对美国宪法的分析和认识。

② 但众议院确实代表人民。(D)

后的原因迥异。在同样的范畴内,主权的表现形式是混合的。最高权力并不仅仅属于由个人合成的一个算术上的大多数,而同时在很大部分上还属于由28个强大的法人机构所合成的算术上的大多数。是那些州,而不是市民个人,才是这个联邦国家的真正成员,才是这个政治实体的组成部分和有机成分。现在是这样,过去也是这样。

第六节

如果我顺着这一思路再继续展开,我将会超出只是作一个总结所应有的篇幅限制。然而,关于这三个国家中每一国家的宪法,还有一两点内容我必须提请大家注意。这些内容涉及主权权力的范畴和目的,涉及宪法的精神、结构及演变模式。

我们已注意到,在法国,政治方程式(姑且这么说吧)只由两个项组成,一个是个人,另一个是国家。前者无限小,后者无限大。在这两者之间,没有其他东西会引起人们的关注。在无论是地方或专门的重大问题上,我们看不到有立场坚定而又经受过考验的组织在坚持始终。过去成立的那些地方或专门团体,都只不过是一些个人为了处理某些公共事务而聚会的地方。这些团体是没有生命的"人像",而不是具有意识和自我意志的"人"。国家至高无上的大利益直接面对每一个市民卑微的个人小利。政治社会唯有的两个活元素之间的这种巨大的价值失衡导致这样的结果:制宪者从公共权力令人目眩的高度往下看着那一群人类微粒,就觉得自己有权独断专行地处置他们,用不着太过顾忌他们的不满。法国的几部宪法就是如此地诉之于这样的一个人民:由于他们原有的政治体制已经倾覆,他们又回到了混然的自然状态,同时还由于原来那个将市民紧紧困锁在一起的强大架构已被打破,他们又被重新赋予了超乎寻常的可塑性。我们的制宪者一定会觉得他有足够的力量,可以随心所欲地折腾这些数量庞大的人类微粒,把他们聚拢在一起,或者用不同办法把他们分开——实际上,就是把他们塑造成他碰巧认为是最佳的模式。因此,在制宪者的心目中,是存在着绝对权力和绝对权利真正完美的组合的。他需要费尽心思,才不至于让自己把梦想当成可以轻易实现的现实。而且,要让他记住这一点是很难的:在看上去可由他支配的无限多的组合中,那个必定可以同时实现绝对正义和全民幸福的组合,他是几乎不可能找到的。所以,彻底的理想主义和坚定的乐观主义是法国宪法最根本的特征。在法国人的宪法创作里,我们看到崇高、远大并富有人道主义精神的理想,这些理想有时在遇到反抗时,似乎就消失了,但后来又会突然地返老还童般重新出现——法国人有这返老还童的秘诀。这一点在1848年尤为明显。① 但

---

① 译注:指1848年法国发生"二月革命",之后成立法兰西第二共和国。

是，这种理想主义和乐观主义的结合，很自然地会使国家变得雄心勃勃，甚至异想天开。国家变得不再那么惧怕权力的集中和专断，因此随时就会滑向社会主义。

在这里，我们可以看到法国宪法深层里的根本矛盾。我在上文已阐明，市民个人在法国宪法中有着很重要的地位。如果从最根本的渊源看，主权只是属于个人的。公共权力之所以得以确立，仅仅是因为个人放弃了其部分的自由——个人的自由被认为是无限的，而个人可以凭其喜好最大限度地保留其自由。因此，世界上没有任何宪法像法国的那些宪法那样，以肯定和高调的语言大张旗鼓地主张个人权利。法国制宪者的主要思想倾向就是要达至这个目标。也正是在这里，显示出他们的功绩和荣耀。无论人们对1789年的《权利宣言》有什么样的批评，但永不磨灭的事实是，这些深入人心的权利公理已名闻天下，并为世界作出了这一伟大贡献：那就是，自由和公平正义的原则从此以后便成为所有宪制立法必不可少的条款。而在此之前这些原则一直只是停留在哲学家的格言和社会的警语中。甚至那些违反这些原则的人,在《权利宣言》通过以后,尽管骨子还是虚心假意,但表面上也都不得不对这些原则表示尊重,表示愿意臣服其下,从此改邪归正。但是,这种追求个人权利的热忱,只是法国立宪活动两大倾向中的第一个。当国家凭借着所有这些人类微粒的意志而得以建立起来后,正好相反的第二个倾向就显现出来了。这个利维坦——即国家或者那些以国家之名行事的人——开始意识到其所拥有的可藐视一切的强大力量,也意识到与其权力相对应的义务以及与其义务同样宽泛的权利。于是,它本能地要设定一个理想和目标,以便充分施展其手中的强大工具。"最高社会福祉"这个理念深得大众的拥护,但伴随而来的是国家的绝对权力。个人的权利本是宪法的第一主题,同时也是公认的所有正当权力的渊源,但当这第二个倾向占得上风时,对个人权利的主张就销声匿迹了,个人权利在这种专制理想面前渐渐化为乌有。议会和立法权的不克制、专门行政法院的设立以及国家在这个法院里既是当事人又是法官这种过分的做法等,这些事实最清楚不过地展示出这个倾向:轻视个人的利益和自由、构建公共利益的专制——虽然这种专制的出发点是善意的。这两种倾向都是"恶"。与法国相比,英国以及作为联邦的美国在第一种恶上受害较浅,在第二种恶上,则彻底摆脱了。

在英美两国,社会既没有经历过国家与个人之间的对抗所引发的震荡,也未曾受困于在"个人权利至上"与"国家崇高使命至上"两极间的不停摇摆,其原因就在于那些在宪法之前就已存在并创造了宪法的大机构团体所发挥的重要作用和所享有的威望。另外,如何在原有各派力量间保持一种平衡这个问题,也使得英美两国的制宪者更懂得妥协和谨慎,从而不至于滑向个人权利或国家专制的极端。尽管我们不应太过强调定义和比较,但我在上面已提到的其中一点,非常清晰地揭示了盎格鲁·撒克逊公法的主要特征。我在上面已阐明,这两部盎格鲁·撒克逊宪法,即使说不上是真正意义上的条约,也确实包含着条约的内容,而且这些内容还构成了宪法的核心部分,并由此衍生出宪法最重要的特征。很显然,现有各派力量之间的条约,其目的就是为各方都提供安全保障。也许,它们都会屈服于一个最强大的力量甚至被其收编,但它们之间达成的条约,从来都不是为了创造出这个强大的力量。这一点表现得最明显之处,就是签约各方可以提议在他们之间设立一个权力有限的仲裁者,并通过这个仲裁者来维护各方之间的和谐。如果在条约中要求绝对正义,那么条约只会因为各派利益的根本对立而无法达成,或者得不到遵守。因此,一个典型的条约,不是要体现理想的正义,而是要作出精确的表述,要巩固缔约各方之间实际的权力平衡。维持现状是顺应时势的妥协,是一个条约能达至的最高目标。对这样一个条约而言,"最高社会福祉"完全是一个陌生的概念。狭隘但又灵活的现实主义、对日常生活的各种安排能心平气和地默认接受并从中感到满足、不喜欢宏大的计划和英雄的壮举等,所有这些因素都会自然而然地破坏一个相当复杂的力量平衡,但它们正是英美两部盎格鲁·撒克逊宪法的共同特征。

在法国,制宪者们所看到的只是人类的单体,而如果远远看去,这些人类单体既没有实质性的不同,也没有程度上的区别。所以,制宪者只好把它们一视同仁,也就是说,把它们看成是可以适用于各种大原则的抽象体。于是乎,原则在法国的公法里就占有极为重要的地位。与此紧密相关的,是一种法国特有的与行使国家主权有关的情形,那就是:国家主权的基地没有历史的构造作为地基,而在构建主权的工地上,也没有任何从旧的政治体制大厦保留下来的、可能会妨碍和拖延新的建设计划的残余。因此,法国的宪法创作者就如同那位要在广场中心树立一座纪念碑的工程师一样,可以在一个空荡而且清洁的场所肆意发挥。他们又怎么能挡得住要建起一个完全对称、严丝合缝、连成一体并从仅有的几个中心点往外扩展的建筑体的诱惑?很自然,他们想要的是一座简洁而优雅、整体和谐而又细节完美的大厦,而且这个大厦将会威望日隆、长存百世。实际上,这些特征都是为了确保稳定而采取的措施,但这些措施肯定不是最安全的,因为它们只是主观臆想的产物。尽管如此,当没有来自于习惯的其他保障手段时,诉之于这些措施也不失为明智之举。因此,法国的制宪者做的是逻辑家、工程师和艺术家的工作。逻辑是他们所有创作的灵魂。最后,在法国,由于所有的旧权力都被摧毁、被仇视,所以,对于任何没有明文规定的东西,都不可能回到过去的做法和惯例去寻找依据。一切都必须重新考虑,必须依据原则来决定。这就是为什么早期的法国宪法都搞成百科全书式而又对称均匀的原因。而从那以后并以此为先例,法国宪法一直都延续其过于详尽、极度精确的特征。在法国有这么一句法律格言:所有的权利都必须有明文规定,若无明文赋予,就不存在任何权利,若无明文废除,则任何权利都不能被剥夺。这句话在法国历朝政府下都是成立的。世界上没有别的国家比法国对习惯法更无动于衷,或者说对把事情留给人们去慢慢理解这种美德更缺乏认识的了。世界上也没有任何国家比法国更厌恶那种在保留形式的同时改变成文立法的实质这种衡平思想。

正是由于其主权的性质,英美两国才得以逃脱逻辑的枷锁。我们已经展示,这两个国家的宪法即使不是真正意义上的条约,也起码包含有各派权力之间所达成的协议。众所周知,一项条约的目的往往不是把所有事情都浓缩成几条简短的金科玉律,然后再据此推论出它们的逻辑结果。一项条约难免或多或少地带有时势的痕迹,难免要反映其所要解决的事情的不一致性、多元性和复杂性;因此,一项条约所能够做的,最多就是为事情的解决而引入某种秩序和安排。但在谈判桌上,这种机制精神是不适用的,而各方在谈判桌上的筹码也会在力量与意志的影响下不断变化。在英国,政治问题应本着协商、达成协议的精神来处理这一原则,获得公认而且无可争议。关于这一点,我在前面已提出了诸多证据予以证明。在美国,联邦宪法对这一原则的承认就不那么明显了。在表面上,联邦宪法旨在建立一个有序的组合,为此,联邦宪法列明了各项大原则,但如果我们再看仔细些就会发现其中没有一项原则是贯彻始终的,相反,它通过各种具体和复杂利益之间的妥协来解决所有问题。举例说,个人自由这一原则在《独立宣言》的开头是作出无条件的宣示的,但到了《联邦宪法》第1条第9款①,当初的宣示就变得虚情假意、自相矛盾了。再比如说,关于联邦对州与州之间争端的司法管辖权原则,

---

① 译注:该条款是关于移民、入境以及关税等。

联邦宪法的文本是有清晰规定的,但在最高法院最近对第十一个宪法修正案作出异乎寻常的适用后,这一原则就被公然地违背了。①

几乎在联邦宪法的每一页上,我们都可以看到相互矛盾的条款,而在这些条款的背后,我们看到的是持续不断的争斗所留下的种种痕迹:南方各州与北方各州、工业州与农业州、人口多的大州与人口少的小州、自由州和蓄奴州之间,还有就是在所有州和尚未诞生的联邦政府之间,胜利的天平时而倾向于这一边,时而倒向于那一边。在这些争权夺利的斗争中,逻辑的顺序和有机的秩序被打破了,甚至时常被彻底摧毁。

条约的另一个目的是要解决已经出现或将会出现

---

① 众所周知,当某些州通过法律来拒付债款,或减少应该向债权人支付的利息时,最高法院表示自己无权管辖,并拒绝受理原告的诉求。

的争议。所有其他问题要么就是不解决,要么就是留给条约的附件或补充协议来解决。在这个方面,盎格鲁·撒克逊宪法也与条约有相似之处。在英美两国,除了专门和特定的宪法文件外,有很多宪法性的东西是由习惯、辅助立法或地方法规来规定的。因此,当岁月流逝、社会变迁而需要对宪法作出修订时,就可以通过对这些习惯、辅助立法或地方法规的修改而得以完成,动静不大,甚至可以说是悄无声息。这样一来,每一次修改涉及的问题都不大,因此也就不必郑重其事地修改宪法本身的根本性规定。所以,一部像英美两国那样的宪法,比起法国的任何政治构建都显得更富有弹性,更能适应社会的变化,同时也更稳定。任何受过教育的人都知道,习惯法在英国宪法里有着重要的位置、担当着相当重要的角色。但并不是所有人都知道,习惯法在美国也是联邦宪法诸多重大且独特发展的根源。我在前文已通过对参议院权力的论述,尽可能地阐明了这一事实。关于这一点,在选举制度上也可以看得非常清楚。美国的各级选举制度就如同总统选举一样,是在宪法文本所提供的方案之内、同时又在这方案之外,逐渐地发展起来的。

我还需要对我所强调的这些差异的重要性及其产生的影响作更深入的探讨吗?缓慢的改变,谨慎的过渡,秉承并映衬着事物发展的自然规律;半隐半现以及几乎是不知不觉的转换更迭,不直愣愣地冒犯已被奉为神圣的规范,但创新已在神不知鬼不觉中赢得人民本能的支持,最后竟已成为惯例,等等。所有这些不同形式的宪法发展,在英国,甚至也在美国,都比在法国更容易发生。在英美两国,宪法的部分修改大体也是如此。尽管在表面上看,宪法的部分修改带有很多主观臆断,但实际上是出于现实需要而作出的政治家式的本能反应。在法国,宪法条款间的完美逻辑会导致这个危险:一旦通过任何修订,那将意味着整个宪法都成问题了,因此必须根据修订所涉及的新原则对宪法的结构安排进行重新调整。法国的宪法就好比是一座小城,只有一圈城墙,里边没有纵深的防御设施。城墙一旦被突破,敌人就会像潮水般汹涌而入,迅速夺城。而英美这两部盎格鲁·撒克逊宪法就不是这样,它们有着良好的内部防御设施。由于本性使然,它们从来都不会作出那些超出人民的需要和理念的突变。它们从来没有受过华丽的胜利宣言所带来的苦处:这些宣言将社会进步暴露于愤怒的反对势力的炮火之下,而且由于自身的某种不足,还导致整个宪法体系必须作无谓乃至危险的修改。但与法国宪法相比,英美宪法也有几方面缺陷:如果作为一个完整的艺术品,它们是稍逊一筹的;它们的灵感不是来自于崇高的理想;它们的构建也没有任何高明之处。但作为补救,它们被赋予一种弹性、一种可以顺势应变的能力。因此,直至今日,这种弹性和能力已确保它们比起法国制宪者所缔造的经典构建和"永远的丰碑",存续的时间更长。

我说"直至今日"是有所考虑的。法国上个世纪所发生的转变不仅仅是限于这个国家。转变是从大的方面开始的。在法国,这个转变几乎一蹴而就,但在别的国家,转变则是分阶段发生的或者说是一个难以觉察的演变过程。在所有社会,当人人都可以获取个人财产,而且个人财产的增加又不受限制的时候,由于少数人对总量有限且易被独占的土地财产的大量占有而导致的不平等就被抹平了;在所有社会,当科学的发展对所有具有天赋的人都开放的时候,由于经验、传统、对公司和家庭的继承而占尽优势所导致的不平等也就被抹平了;在所有社会,由于通讯的发达和商业活动的开展,边区已不再遥远,居民也已交往融合,并在交往融合中逐渐失去其生活不同、身份不同的感觉;在所有的社会,我们都可以看到地区之间、个人之间、理念之间以及利益之间的差别在日渐缩小。事实上,那些居于国家与个人之间的特别或专门团体,它们的架构或依托都受到了冲击,而且已被削弱或摧毁。因此可以肯定地说,所有国家迟早都会经历法国在1789年建立其政治体制时所经历的情况。由于这些因素的渐进作用,我们看到在英美这两个国家里,民主平等和民族同一化正齐头并进,而且这种发展在预示着将来终有一天(这一天尽管还遥远但必定会到来),这两个国家都将拥有一部以法律——也就是大多数人的意志表示——为基础的简单的政治宪法①。到那时候,法律将只是建立在逻辑之上,而当

---

① 译注:英国加入欧盟、特别是制定 Human Rights Act 1998 后,宪法的成文化趋势越加明显,甚至在学术界已有不少人提出要制定一部成文的英国宪法。请参阅:Peter Leyland, *the Constitution of the United Kingdom*, Hart Publishing, 2007; Jeffrey Jowell and Dawn Oliver, *the Changing Constitution*, Oxford, 5th ed., 2004。但在美国,成文的宪法必须加上那个越来越复杂的"不成文"宪法——才是管治美国的完整宪法。请参阅:Akhil Reed Amar, *America's Unwritten Constitution*, Basic Books, 2012。

传统和习惯逐渐退去后,留下来的大地女神就是逻辑,她将表达自己的意志,将以系统的理念来实现自己的追求。于是,逻辑将自力更生,凭借着自己的力量,靠着一个更为完整和精确的关于宪法宗旨的认识,来为防范政策突变提供制约手段。而现在,这些制约手段只是靠习惯、靠传统,它们并不产生于人类理性,而是来自于对逝去历史的情怀。

一位敏锐的观察家说过,现在的美国仍处于其历史的封建时代,它势必还要依次走过中央集权的那些连续阶段。我在前文已经指出那些曾经阻碍、而现在仍在极大地延缓这个演变过程的各种情况。在英国,宪法已在悄然地发生变化,宪法慢慢地已不再是一个唯民意是从的政府,而是正在演变成一个有组织的民主。过去,大多数人民是被排除在议会选举之外的。在那个时代,公众的诉求会通过大体上还是平和的活动表达出来,形成一种氛围,而各派独立的政治力量则紧随着这个氛围的变化而漂浮、腾挪,但最终还是屈服于民意的主流。有时候,它们会长时间地阻塞或抗拒这个洪流,直到洪流积累力量最终一举冲破面前的任何阻挡。现在,由于选举权已几乎普及,人民的意志便在一个法定机构——国会——里得以浓缩和体现。人民的意志就像一根强力而稳定的弹簧,作用于法律和政府,并在关键节点上施压或提供支撑,从而绝对有把握地促成政治机制的理想运作。

总而言之,我们所探讨的法英美三国宪法之间的区别,终究还是会在局部和逐步的融合中消失。虽然这三个国家都受到同一个民主运动的影响,但当这个民主运动的进程在英美两国受阻的时候,在法国则是急速前行,以至于法国比起英美两国而言,民主的进程达到了一个更先进的阶段。这三国宪法之间的区别,部分就是从这一事实而来的。明白这一点,对于理解我前面论述的准确含义是非常必要的。我就以这点解释来结束这篇已经太长的文章。

译后语*

2008—2012年间我还在英国杜伦大学（Durham University）写博士论文的时候，在某篇期刊论文的脚注里看到了布特米先生的名字以及他的这部著作。从该文所引述的他的观点，我隐约觉得他对英美两国宪法有着一叶而知秋般的鲜明和独特的看法。于是，我决意要把这书找出来，至少要随手翻翻以获开卷之益。从大学图书馆的网页上，我了解到这本老书并不放在图书馆的开放式书架上，而是藏在了图书馆的某个仓库里。这也

---

* 本书是从英译本翻译而来，英译本的译者是〔英〕E. M. 戴雪。

不奇怪,因为在推崇判例的普通法地区,法律著作不但汗牛充栋而且更新换代非常之快,一本书出版之后过一两年就很可能已经过时落伍了。更何况布特米先生的这部著作写于一个多世纪以前,而且还是关于宪法这个最需要及时更新、与时俱进的题目的。尽管如此,我不改初衷,还是请图书馆管理员从仓库里把书找出来。我知道法律不是考古,但我也相信,法律过程以及法律本身所蕴含的事实、常识乃至真理并不会因为时间的逝去而失去其让人借鉴、遵循和坚守的意义。

从图书馆管理员手上接过这本小书时,书面上落着微微薄薄的尘土,确实给人以尘封多年的历史感。在毗邻千年历史的 Durham 大教堂、本身也是座有着千年历史的建筑(Palace Green)的原大学法律图书馆里,我找了个安静的角落,轻轻弹去书面上的尘土,把书打开。我习惯性地先看看"导语",因为好的导语就像好的导游一样,能用最简单的语言和最简短的时间告诉你景区的风光及欣赏的路线。出乎我意料的是,"戴雪"(A. V. Dicey)这个大名在"导论"的最后赫然跃入我眼帘。这可是近现代法学以及宪法学的殿堂级人物!原来,布特米先生是法国人,他的这部著作是以法语写成的。是戴雪的弟弟把它译成英文,戴雪本人再给英译本写了导论作为序言。不管你愿意不愿意,法学界是讲权威的。由戴雪这位法学泰斗撰写导论的著作,我心怀崇拜地认为它一定错不了。我决定静下心来,好好地拜读拜读。

我一下子被它吸引住了,几乎是一口气把它读完。作为一位法律博士生,我从来没有读哪篇法律文章或哪部法律专著像读这本小书那样觉得如此引人入胜又轻松自如。和常见的法律著作不同,它没有多如牛毛的脚注,没有令人且敬且畏的案例深度分析,没有时而苦涩难解、时而曲径通幽、时而山重水复、时而柳暗花明的典型性法律长句。它深入浅出,因繁就简,举重若轻,以散文的笔触和优美流畅、有时又热情洋溢的语言,从历史的、哲学的以及人性的角度,去讲述一个很可能因为过于严肃而显得枯燥、过于政治而显得无趣、过于抽象而显得空洞的宪法话题。也许只有法国人,并以法国人特有的热情和浪漫,才有可能把英美(尤其是历史更为久远复杂的英国)宪法以如此简洁明了而又妙趣横生的方式呈现出来。我以为——如果可以借用钱钟书先生的说法——法律著作能写得如此简单有趣,卓然已臻"化"境。仅凭这一点,我认为这本小书就有超越时空的价值,尤其值得对普通法缺乏了解甚至望而却步的中国学生一读。也主要是出于这一考虑,我决定不揣浅学,把它译成中文,并真诚地向学法律、政治和西方历史的学生特别推荐。

有三点我觉得有必要加以说明。其一,宪法以及宪法学的发展变化,正如上面提到的,是与时俱进、日新月异的。相对于作者生活及写作的一个半世纪前的那个时代,今日的法、英、美三国宪法必然已发生无数重大甚至是天翻地覆的变化。美国著名宪法学家 Strauss 就说过一个观点,即任何一部成文宪法,在实施一段时间后在很大程度上已变成了一部不成文的宪法。① 这里说的就是宪法随着社会的发展变化而渐进演变的本质,也就是常为法律人挂在嘴边的"活着的宪法"(the living constitution)。这种发展变化对于本来就是不成文的英国宪法而言,只会有过之而无不及。所以,作者关于这三国宪法的某些具体观点,很可能是完全过时了的,其对错与否,我们不必太过于执着。我们主要关注和学习

---

① 参阅:D. A. Strauss, "Constitution, Written and Otherwise", (2000) 19 *Law & Philosophy*, 451—464。另可参阅 Akhil Reed Amar, *America's Unwritten Constitution*, Basic Books, 2012。

的是作者对法、英、美三国宪法的历史渊源和指导精神的挖掘,甚至还包括他对研究外国宪法的针对性建议。我个人认为,在宏观上讲,作者这些方面的总体观点甚至在今日也是经得起辩论的,而且仍然富有指导意义。也正是出于这个认识,我给这本小书的中译本加了个原来没有的大书名:《斗争与妥协》。我以为,作者在对这三国宪法进行比较后,想告诉我们的一个重要观点是政治免不了要斗争,但同时也需要妥协,甚至在某种意义上讲,政治就是"妥协的艺术"。斗争与妥协之间的平衡、反复与再平衡、再反复,可能就是政治的完整体现。斗争有时甚至就是一件事物或一个时代的终结或开始,但如果只有斗争而没有妥协,人类肯定不会进步,也肯定不会获得和平与安宁。从人类的宪法史来看,如果没有斗争,宪法永远不会诞生;但如果只有斗争而没有妥协,宪法恐怕也不会诞生,或即使诞生后也只是斗争的工具而不是化解斗争、缔造和平的非武力解决方案,那不是真正意义上的宪法。

其二，中译本标有"译注"的注解，是译者为了帮助读者阅读而加入的。对于人物和历史事件的"译注"，主要参考了维基百科、英国国会和美国国会等网站上的资料。对于作者的个别实质性观点，译者认为其明显与今天情况不符的，也在"译注"里加以简单的说明。在法英美三国宪法史上重大事件的有关译注里，译者有意地注明历史的同一时间，中国在做些什么。这是译者心血来潮的一种尝试，是否会激发读者的有益联想和思考，不得而知，但尝试和创新总是值得鼓励和点赞吧！英译本的译注是戴雪加上的并用"（D）"作出标记。除此之外的极少数脚注是作者的原注。为了方便有意扩展阅读的读者，中译者特意在注脚里保留有关法律、案例、著作或人物的英文名称，因为这样会更便于读者按图索骥找到原来的出处。

其三，我十分尊敬地重复戴雪在其导论中的建议，即如果你能够用法语阅读，你最好还是去找法语原著来读，或者如果你能用英语阅读，也最好去找英译本来阅读。法语本在哪里还可以找到,我真的一点主意也没有。但我知道这本书的英译本,像其他曾经"红过"但可能已被人遗忘的力作一样,在 forgottenbooks.com 这个网站上能找得到。

最后,在翻译这本书的过程中,我有幸得到了不少同事和朋友的热情帮助,也得到了家人的大力支持和鼓励,在此一并致以衷心的感谢。我还要特别感谢北京大学法学院强世功教授对译稿的推荐,同时非常感谢北京大学出版社白丽丽女士和邓丽华女士对译稿进行了非常专业的审核并提出了许多宝贵的意见。正是由于他们的信任和支持,这本译作才最终得以面世。毫无例外地,中译本的任何错漏,都是译者本人的责任。

李光祥

2018 年 1 月 9 日于香港

图书在版编目(CIP)数据

斗争与妥协:法英美三国宪法纵横谈/(法)埃米尔·布特米著;李光祥译. —北京:北京大学出版社,2018.8
ISBN 978-7-301-29694-3

Ⅰ.①斗… Ⅱ.①埃…②李… Ⅲ.①宪法—比较法学—法国、英国、美国 Ⅳ.①D911.04

中国版本图书馆CIP数据核字(2018)第156978号

书　　　名	斗争与妥协:法英美三国宪法纵横谈 DOUZHENG YU TUOXIE
著作责任者	〔法〕埃米尔·布特米　著　李光祥　译
策划编辑	白丽丽
责任编辑	邓丽华
标准书号	ISBN 978-7-301-29694-3
出版发行	北京大学出版社
地　　　址	北京市海淀区成府路205号　100871
网　　　址	http://www.pup.cn
电子信箱	law@pup.pku.edu.cn
新浪微博	@北京大学出版社　@北大出版社法律图书
电　　　话	邮购部 62752015　发行部 62750672 编辑部 62752027
印　刷　者	北京中科印刷有限公司
经　销　者	新华书店
	880毫米×1230毫米　32开本　8.75印张　97千字 2018年8月第1版　2018年8月第1次印刷
定　　　价	42.00元

未经许可,不得以任何方式复制或抄袭本书之部分或全部内容。
版权所有,侵权必究
举报电话:010-62752024　电子信箱:fd@pup.pku.edu.cn
图书如有印装质量问题,请与出版部联系,电话:010-62756370